股票经典系列丛书

黄 琳 ◎编著

满仓红

精准把握大盘动态　洞悉股市涨跌规律

选对买卖点位　锁住盈利　稳操胜券

SHARES

经济管理出版社
ECONOMY & MANAGEMENT PUBLISHING HOUSE

**图书在版编目（CIP）数据**

满仓红/黄琳著. —北京：经济管理出版社，2017.8
ISBN 978-7-5096-5267-1

Ⅰ.①满… Ⅱ.①黄… Ⅲ.①股票交易—基本知识 Ⅳ.①F830.91

中国版本图书馆 CIP 数据核字（2017）第 183981 号

组稿编辑：杨国强
责任编辑：杨国强　张瑞军
责任印制：黄章平
责任校对：王淑卿

出版发行：经济管理出版社
　　　　　（北京市海淀区北蜂窝 8 号中雅大厦 A 座 11 层　100038）
网　　址：www. E-mp. com. cn
电　　话：(010) 51915602
印　　刷：玉田县昊达印刷有限公司
经　　销：新华书店
开　　本：720mm×1000mm/16
印　　张：16.75
字　　数：286 千字
版　　次：2017 年 10 月第 1 版　2017 年 10 月第 1 次印刷
书　　号：ISBN 978-7-5096-5267-1
定　　价：48.00 元

# 目　录

满仓红

# 第一章　散户分析

## 第一节　散户的心态分析

股市上有一句话叫"长线是金，短线是银"，这句话其实是笔者非常赞同的一句话，笔者在股市上摸爬滚打了十几年越来越认可这句话。翻开股市之中数千只股票周线和月线级别的K线图，从上市起，股票的价格就一路攀升，数年之内一路高歌且有惊人的涨幅，这不免令人心动。但是市场上的股民往往是新股民，新股民的特性是什么？笔者总结如下：

> 喜欢追涨，习惯杀跌；
>
> 急不可耐，永远满仓；
>
> 赚点就跑，套不止损；
>
> 道听途说，毫无主见；
>
> 贪贱怕贵，不看质量；
>
> 只顾眼前，莫论长远；
>
> 最爱消息，以讹传讹；
>
> 依赖他人，从不钻研。

不难看出，新股民的本质和长线投资是绝缘的，他们急功近利，喜欢快、强、猛。殊不知利润越大，风险越高。

如图1-1所示，这只股票（长江投资）根据散户的心理会在哪里买进，又在哪里卖出呢？

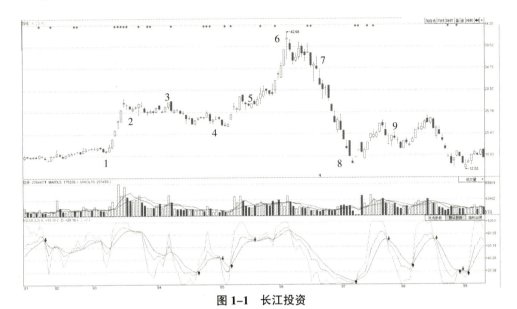

图 1-1　长江投资

　　其实你用心去看不难发现起始点是 1 号位置，最高点是 6 号位置，最大利润是 42 - 16.5 = 25.5 元，但 1 号位置基本上是 3% 以下的人会发现买点并买入。

　　散户往往没有自选股池的概念，所以当股票涨起来的时候，1 号位很难买进，往往等到 3 号位的时候买进的比较多，基本上能达到 30%，因为 3 号位置有平台突破的迹象，如果用箱体技术去分析，可以看到其实没有突破上平台压力（箱体的知识点后面给大家讲解），我经常去一些证券公司给散户朋友讲课，也做过大量的调查，往往是 3 号位置买进的人比较多。3 号位置买进意味着会被套，在激抗了数天之后感觉无望会忍痛割肉，如在 4 号位置附近割肉，损失就造成了。5 号位置买入的人占 20%，这部分人是比较激进的，此买点比较不错，但问题来了，买了不会卖。俗话说：会买的是徒弟，会卖的是师傅。买了不会卖又有什么用？散户的心理往往是本来心理预期 5 个点，股票已突破预期上了 10 个点，散户就会将心理预期放大到 15 个点，当突破 15 个点的时候就会想着 30 个点。以此类推，不断加码，欲望的膨胀带来的是在 6 号位置卖不掉。随着越涨越高，股票的势能越来越大，直捣黄龙 8 号位置 14 元。一旦撑到 8 号位置，基本上这只股票就不可能再割肉了，一天两天或是一年两年甚至是更长。这就是我们说的短线变长线，长线变贡献。

　　这个案例分析之后我们知道了技术分析的重要性，不仅会买还要会卖。

# 第二节 驳技术无用论

技术的重要性有五个方面：

第一，在基本分析中，可能包括对市场供求状况的评估，对股票价格与每股盈利之比的测算，以及对其他各种经济指标等各方面内容的研究。在我们的看盘软件中就有详细的数据，每一只股票都有，每一款软件都有。我们在看盘软件上按 F10 就能看到下面的数据，如图 1-2 所示。

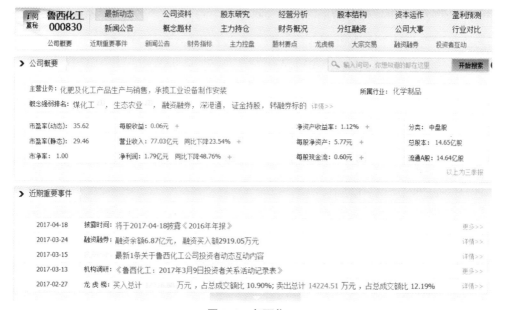

图 1-2 鲁西化工

这里有详细的净资产收益率，每股净利润，包括其他的数据比如营业收入和板块概念等。虽然非常详细，但是并没有把市场心理方面的影响因素考虑进去。问题恰恰在于有些时候市场在极大程度上是受市场情绪支配的。以前笔者做基金经理时，还要看筹码分布（也就是散户成本分布），并以此分析判断股民在每一个价格的心态变化，让他们尽量不出货或者尽量抛售，那么技术分析方法为我们

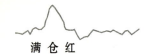

提供了一种绝无仅有的衡量机制。按照技术指标运行，能让散户看清庄家的思路确保"双赢"。

第二，在具备明确纪律约束的交易方式中，技术分析方法是其中的重要组成部分。所有的交易人员都逃不过情绪问题，这是我们天生的禀性，而严格的纪律有助于减缓其负面的影响。

解决方法就是交易计划，一个完善的交易计划能让你的操作变得井然有序，不会被过多的感情干预。我们专业人员其实也是有七情六欲的，也难免会被感情因素干扰，那么要用交易制度、交易计划规范自己。可以说市场上的股民都是没有经过专业训练，没有经过系统学习，甚至对股票的概念都不清楚，他们进来的唯一动力是"别人做股票赚钱了，那我进来也可以赚钱"。进入股市的期望很高，带来的失望也很高。我们可以发现一个规律，在行情最好的时候，进入股票市场的新股民越多，试想在熊市的时候入市的散户是最少的。理由很简单，大家都在赔钱，他看到了风险，一个有风险的投资是没有人愿意进来的。但当牛市行情来的时候，身边的人都赚钱了，很多人入市了。所谓涨得越高，势能越大，跌得也越凶，进去没两天被套了，由于自己缺乏技术面又不懂消息面，总想着一旦解套就出，试想好不容易把你骗进来又把你套住，市场是不可能轻易把你放跑的，这就是深套的来源，这种现象基本上集中在新股民身上。所以投资者一开始就要有"温水煮青蛙"的风险意识。最后给大家看一个简单的操盘计划表，如表1-1所示。

表1-1  操盘计划

| 股票代码/名称 | 第一买入价 | 第二加仓价 | 第三加仓价 | 第一减仓价 | 第二减仓价 | 第三减仓价 |
|---|---|---|---|---|---|---|
|  |  |  |  |  |  |  |
| 备注/操盘日记 |  |  |  |  |  |  |
|  |  |  |  |  |  |  |

第三，退一步讲，即便你并不完全相信技术分析这一套，但遵循它的交易信号也是非常重要的。这是因为，有时技术信号本身已经构成推动市场运动的主要动力。技术指标是股票走势的一个统计，是一个资金流向的技术外在显现，就如

中医中的某个穴道对应一个内脏的关系，不会直接去看你的内脏而是通过穴位去检查，那么技术指标就是他的穴位，指标的变化能反映出一只股票是否健康，是否能继续向上，是否滞涨，是否有庄家在操作等。

比如 BOLL 指标（Bollinger Bands），是我们常用的一个指标。它是由约翰·布林先生创造，其利用统计原理，求出股价的标准差及其信赖区间，从而确定股价的波动范围及未来走势，利用波带显示股价的安全高低价位，因而也被称为布林带。BOLL 是根据统计学原理创造出来的，也就是大概率事件，它的精准度能达到 86%以上。既然它们是有科学依据的大概率事件，那么你就得对它们心存戒备。

第四，随机行走理论提出，前一天的市场价格变化，对第二天的市场行情毫无影响。但是，在这种学院式的理论中却遗漏了一项重要的市场成分——人。今天的人当然记得昨天的行情，并且他正是依据其迄今所得的切身感受而采取行动的。换句话说，一方面，人对市场的反应的确会影响价格变化；另一方面，市场价格的变化也会反过来影响人。如此一来，在研究市场的过程中，价格本身，就成为我们必须考虑的重要分子。那些对技术分析吹毛求疵的朋友，大概忘了后面这个要点。散户手中的股票被庄家称之为筹码或者是浮筹，因为散户的随意性很强，在庄家看来是一种风险，如果管理不当会对自身造成打压或者是拖累，或者说是增加自身的拉升成本，所以在主力拉升抬高之前要对该股的浮筹进行计算和整理。整理的主要方式就是打压或者说是清理，清理的方式有数十种，最常见的有两种：一种是强势打压（见图 1-3）。可以发现，在稳健上涨之后有连续下跌的现象，这就是主力资金持续出货给散户造成的迹象，在下跌过程中又不跌破成本，自然散户的心里很容易猜到，散户在经过一轮上扬之后再回落的过程中选择保住利润的人占一大半以上。经过两次的打压，浮筹清理达到预计效果时，庄家完成了急速拉伸的过程，一个主升浪，之后经过震荡吸筹，自身再大批量出货，即后面的那个大跌。还有一种是长期的震荡盘整，把浮筹慢慢熬出去，这时拼的是耐心（见图 1-4）。

2013 年 5 月~2014 年 9 月是震荡清理浮筹阶段。震荡没有一个具体的时间，一般来说庄家会根据浮筹变动的比例而变化，完全清除是不可能的。有些散户套了也不走，赚少了也不走，必须翻倍或者是到达某一心理 7 价格才离场，庄家是不会在意的，因为不随意震荡对庄家构成不了太多的威胁。

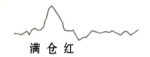
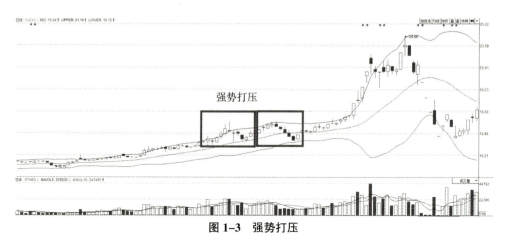

图 1-3　强势打压

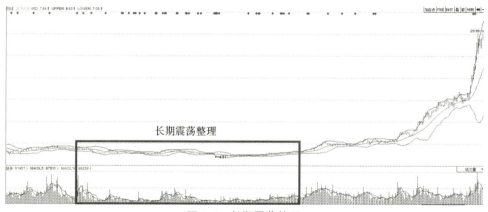

图 1-4　长期震荡整理

　　第五，如果我们要观察总体的供给—需求关系，那么，观察价格变化显然是最直观、最容易进行的方法。有些基本面的消息，普通的投资大众可能根本无缘得知，但可以正确地预期，它们已经包含在价格信息之内了。如果有人先于大家掌握了某种推动市场变化的情报，那么，他极可能抢先在市场上买进或者卖出，直到价格变化抵消了他的情报才会罢手。如此一来，在有些情况下，这类消息可能早在当初事件发生时就被市场消化吸收掉了。一言以蔽之，当前的市场价格应充分反映当前发生的一切市场信息，不论这些信息是普通大众已经知晓的，还是仅仅掌握在极少数人手中的。

　　股市也是菜市场，具有供需关系，你的菜质量再好再新鲜没有买客也没用，市场需求量大的品种才是最好的。笔者经常看到 ST 的股票翻倍地涨，有些好的绩优股却不行，原因是炒作，买盘大的关系。

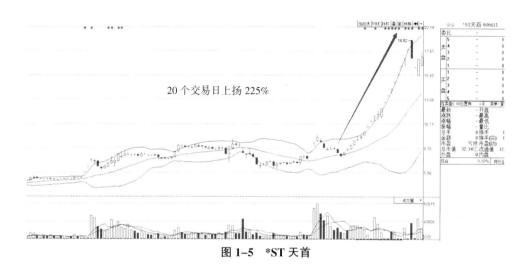

20 个交易日上扬 225%

图 1-5　*ST 天首

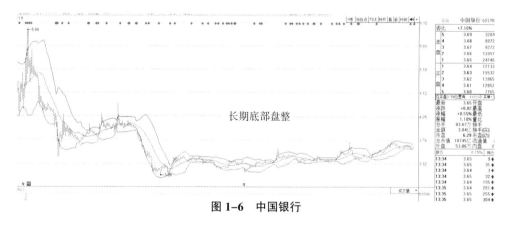

长期底部盘整

图 1-6　中国银行

从上述两只股票中我们不难看出，业绩好的股票不一定涨得高，ST 的股票不一定跌。所以说，股票涨跌归根本质是供需关系，供大于求就跌，求大于供就涨。

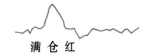
# 第三节　短线操作的实战作用

　　要捕捉长牛股殊为不易，但股价波段起伏的股票却似乎无处不在，长线操作的月线级别，中线操作的日线级别，或者是短线操作的分钟级别，其中的波段走势都可谓俯拾皆是，不胜枚举。尤其是股票日内分时图上超短线走势中的各种波段，更是浩如烟海，这些有波动起伏的价格波动，为股民提供了短线获取利润的机会，股民如果能有效利用这些波段，建立起持续、稳定的短线交易模式（T+0操作模式），投资效率将会远远超过一味持长线。因此，如果说"长线使劲"的话，那么在长线投资的基础上加上波段操作，投资效果将堪比"钻石"。

| 查询日期 2016/ 8/30 ▼ 至 2016/ 9/ 6 ▼ 确定 常用汇总 |
| --- |

| 成交日期 | 证券代码 | 证券名称 | 操作 | 成交数量 | 成交均价 |
| --- | --- | --- | --- | --- | --- |
| 20160802 | 002414 | 高德红外 | 证券买入 | 4400 | 24.200 |
| 20160802 | 002414 | 高德红外 | 证券买入 | 3300 | 24.200 |
| 20160804 | 002414 | 高德红外 | 证券卖出 | −1900 | 24.800 |
| 20160804 | 002414 | 高德红外 | 证券卖出 | −2600 | 24.800 |
| 20160804 | 002414 | 高德红外 | 证券卖出 | −5500 | 24.800 |
| 20160808 | 002414 | 高德红外 | 证券买入 | 3800 | 24.300 |
| 20160808 | 002414 | 高德红外 | 证券买入 | 2600 | 24.300 |
| 20160808 | 002414 | 高德红外 | 证券买入 | 3600 | 24.300 |
| 20160809 | 002414 | 高德红外 | 证券卖出 | −2900 | 25.250 |
| 20160809 | 002414 | 高德红外 | 证券卖出 | −7100 | 25.250 |
| 20160811 | 002414 | 高德红外 | 证券买入 | 5800 | 24.820 |
| 20160811 | 002414 | 高德红外 | 证券买入 | 4200 | 24.820 |
| 20160819 | 002414 | 高德红外 | 证券卖出 | −6600 | 25.900 |
| 20160819 | 002414 | 高德红外 | 证券卖出 | −3400 | 25.900 |
| 20160824 | 002414 | 高德红外 | 证券买入 | 1200 | 25.420 |
| 20160824 | 002414 | 高德红外 | 证券买入 | 3600 | 25.420 |
| 20160824 | 002414 | 高德红外 | 证券买入 | 5200 | 25.420 |
| 20160830 | 002414 | 高德红外 | 证券卖出 | −8200 | 27.010 |
| 20160830 | 002414 | 高德红外 | 证券卖出 | −1800 | 27.010 |
| 20160905 | 002414 | 高德红外 | 证券买入 | 7600 | 26.500 |
| 20160905 | 002414 | 高德红外 | 证券买入 | 2400 | 26.500 |

图1-7　实盘（一）

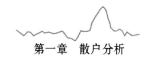

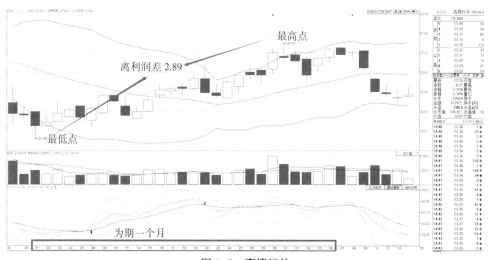

图 1-8　实盘（二）

图 1-9　高德红外

　　图 1-7~图 1-9 是我的实盘，可以看到最高点和最低点利润只有 15% 左右，但是经过波段的操作，利润可以在 20% 以上，这就是波段的魅力（波段的 T+0 模式）。

　　在众多的交易产品尤其是金融电子盘交易中都有 T+0 的身影，比如外汇期货

（包括港股）等众多电子盘交易类别当中都可以 T+0，也就是当天买入当日即可卖出，这就避免了当天涨停卖不掉而次日大幅度低开亏损卖出的情况。

# 第四节　短线操作实战案例

说到短线，有很多人就说要赚大钱就要做长线，对于这句话笔者持反驳的态度，在太多的市场案例中我们经常看到短线高手的身影，他们往往通过不同的工具和手法把收益放大，股票高手也并不一定是长线高手，他们频频出现在交易市场当中。

林乐耕、李旭东、徐翔、张文军等都是知名的操盘手，短线风格非常凶狠，其中徐翔组织的"涨停板敢死队"叱咤风云，超短线快进快出的风格令人震惊。

徐翔，1976 年出生，17 岁的时候，他带着父母给的几万元本钱进入股票市场。18 岁，他在得到家人同意后，放弃高考，专心投资。

徐翔对把握股市热点非常敏感，通过几年的学习和操作，迅速成为营业部高手。

20 世纪 90 年代后期，徐翔和几个以短线擅长的朋友被市场冠名"宁波涨停板敢死队"，投资风格剽悍，被"敢死队"选中的股票，大进大出，高起高落。这批人以银河证券宁波解放南路营业部为核心，成员 20 人左右，核心是徐翔、徐晓、张建斌等。徐翔在成名后更被媒体封为"涨停板敢死队总舵主"，可谓是一战成名。

2005 年，徐翔从宁波迁到上海，经历了 A 股的一波大牛市，2009 年成立泽熙投资。经过几年的发展，泽熙投资已经成为中国最著名的私募基金，旗下私募产品收益稳居阳光私募收益前列，资产规模接近百亿元，徐翔个人资产超过 40 亿元，被大家尊称为"私募一哥"。

我们可以看一下徐翔泽熙最近 5 只股票收益。

私募中的名人不少，但能像徐翔这样为人低调，又长久地保持收益快速增长的却寥寥无几。股民们在感叹"涨停板敢死队总舵主"厉害的同时，更关心的是他的钱是怎么赚到的。我们来看一下他的操盘手法。

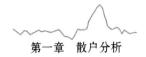

操盘手法之一：看公告，搜信息，打涨停

（1）选股。每天晚上，徐翔都会看一遍上市公司的公告，收集新闻、政策、事件等各方面的信息，对有潜力的消息分析，选择好第二天的买入标的。

（2）下单。在挑选完有潜力的个股后，如果觉得题材有爆发力，徐翔会在当天晚上或第二天开盘前通过营业部席位在个股涨停价位下单。点击查看免费版"龙虎榜单"，了解最牛营业部的挂单详情。

（3）锁定挂单。徐翔会买入比较特别的手数做暗示，如 997899889400 这样的数字，以便识别自己的挂单。不过这些委托单必须通过专业版行情才能看到。

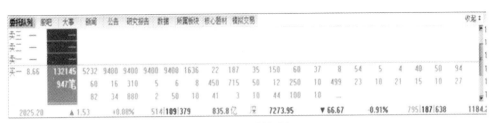

**图 1-10　委托明细**

如图 1-10 所示，该股"委托明细"中有多笔 9400 手的顶级买单，由此可以判定有主力资金进入，第二天很有可能会大涨。而第二天的涨停，确实也印证了我们的分析。

散户在洞悉主力的挂单详情后，用炒股软件选择合适的价格和时机跟进买入，基本上都能获得不错的收益。而看不到这一系列行情的股民，很容易错过暴涨的机会。经常有股民抱怨把握不好买卖时机，这是其中一个非常重要的原因。

操盘手法之二：下手快，出货狠，一刀断魂

一字断魂刀，即前一个交易日尾盘脱离成本区快速拉高至接近涨停，次日早盘再次"秒升"，短期快速拉高后，以低于现价约 3% 的价格卖出，价格瞬间掉下三个点很容易吸引众多买盘，但抛压似绵绵不绝，每当卖单被消耗完毕时，就会有新的卖单压上，直到空头手中再无筹码。

如图 1-11 所示，这是 7 月 6 日河北宣工（000923）盘口的表现，相信投资者看了这张图就有答案了。当日该股开盘表现平稳，盘中却突然上扬，之后迅速跳水，这种分时走势就是"一刀断魂"砸盘出货。

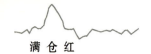

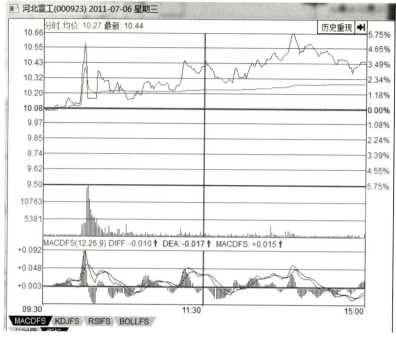

图 1-11　河北宣工

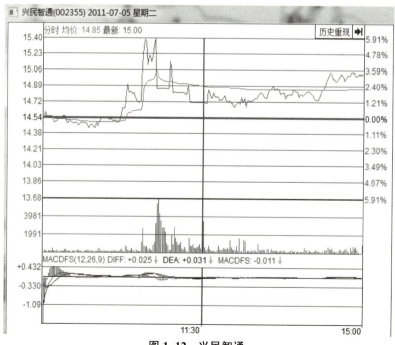

图 1-12　兴民智通

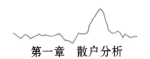

如图 1-12 所示，这是兴民智通（002355）在 7 月 5 日中上演的"一刀断魂"。砸盘后吸引散户跟风买入的痕迹非常明显。这种买卖方式是徐翔的拿手操盘功夫。

徐翔的交易特点基本是"快、准、狠"，买入的时候一气呵成，拉升之时气势如虹，在出货的时候也非常果断，毫不犹豫，经常出现"一刀断魂"的出货方式，如果投资者对他的风格不了解，或者反应较慢，很容易成为他的"刀下之鬼"。

对于普通散户而言，这样的陷阱比比皆是，往往前一刻还沉浸在赚钱的喜悦当中，下一秒就被套牢了。由于这类操作非常专业，具有很强的隐蔽性，一般人很难察觉。但这并不代表散户只能"坐以待毙"，只要操作合理，完全可以避免成为"刀下冤魂"。

根据对徐翔操作手法不断地深入分析，我们发现，只要股民朋友善于发现行情和盘口异动，就能很好地防止此类"狙击"。

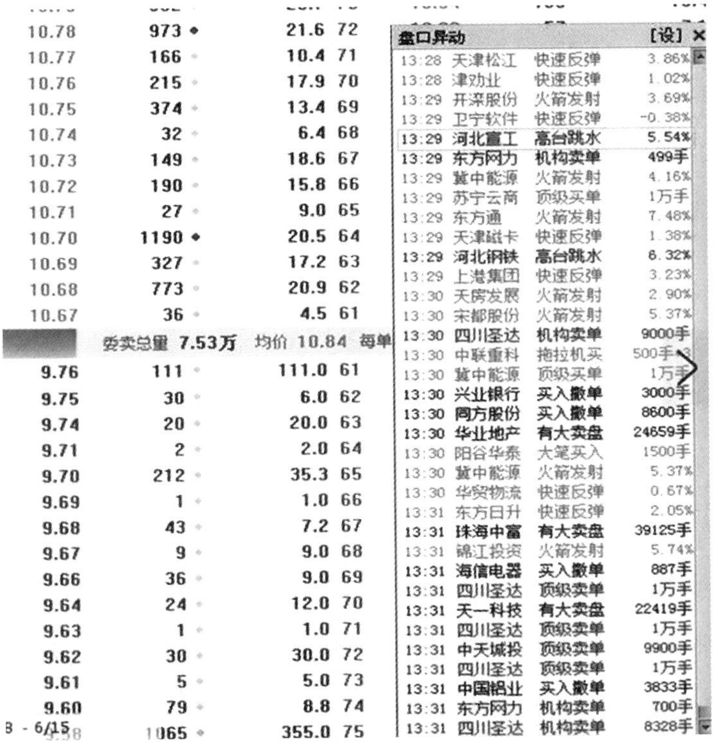

图 1-13　"盘口异动"

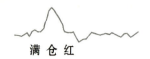
如图 1-13 所示，我们可以通过千档行情掌握每一笔买卖详情，了解所有"异动"的大单，在股票发生重大波动的初期能有所察觉并做出反应，保护自己既不会被洗盘，也不会被套牢。在熟悉了这两个功能后，除了可以用它来规避风险，更可以把握转瞬即逝的买卖时机。

我们在上文通过结合软件剖析了徐翔和他旗下泽熙投资的一些操盘手法。总的来说，因为主力机构拥有更雄厚的资金、技术基础以及更全面的信息，所以也更容易能挑选到牛股。而通过分析可以发现，如果股民能看清他们的操作手法，完全有机会追踪到这些机构主力的动向。通过不断的实践，不仅能规避某些个股的风险，更可以挖掘到有潜力的股票，真正地在股市中淘金。

笔者在 2015 年初期也专门研究过徐翔概念的股票，专盯席位号，经过一段时间直接的跟踪和研究已慢慢掌握其大致规律，后来狙击过文峰股份、美邦服饰等股票，获利颇丰，在之后的章节中会和大家详细讲述狙击过程。

另一短线代表人物李旭东是 A 股市场上一个名不见经传、年仅 28 岁的中原小散户，从 3 万元艰难起步，他凭着过人的智慧和独特的操作绝技，仅用 6 年多的时间就创造了盈利 1000 万元的奇迹。他那传奇的故事里，究竟隐藏着什么样的秘密？他自己总结了几条：

（1）追求复利，积小胜为大胜，将无数只小黑马组合起来就是大黑马。散户往往是反其道而行之，在散户的习惯里面往往是好不容易抓到一只好票，那就死抓不放。

（2）穿越牛熊市的市值增长，不同市场环境，不一样的投资策略。当笔者在采访中问及此问题时，李旭东回答说："注重稳健，追求复利，是这几年保持高收益的关键。"

（3）8、6、4 自救，是指主力套在 8 的位置，由于来不及出货，就把大部分的筹码出在 6 的位置，之后就开始上演故意打压到 4 的位置，在 4 的位置进货，而后拉升到 6，主力已经盈利了结，整个过程主力盈利 20% 以上。

七大成功密码。从 3 万元到 9 万元，又在 308 天内从 10 万元炒到 1000 万元，6 年间，牛熊转换，风雨无常，李旭东连创佳绩、奇迹不断的秘诀在哪儿？他袒露的七大理念与招法，揭示了走向成功的神奇密码……

**1. 一定要看大盘的"脸色"**

一天夜里，我和李旭东散步。我问他："这些年，你一路走来，取得这么好

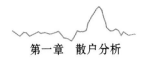

的战绩，要用一句话来说，有什么秘诀呢?"

"有啥秘诀，真没啥。"李旭东笑答:"要说没有吧，人家可能不信。没啥秘诀，咋能年年翻番? 其实，要说，有一点很重要，就是做股票一定要看大盘的脸色，也就是说跟随大盘的涨跌买卖股票。大盘好了，就做，不好，就空。就这么简单。"

但是我们的散户朋友确实不管有没有行情都想进去捞一把，大盘好的话进去红了得意忘形傲视天下英雄，大盘不好的话只能打掉牙齿往肚子里咽，在熊市、牛市和猴市的操作方式都不一样，入市的手法和操作的思路也有很大的区别，可以说完全不一样。在之后的章节当中笔者会详细去介绍牛市、熊市和猴市当中的操作方法和操作思路。

2. 控制风险永远排在第一位

控制风险是所有高手成功的一个共同点，李旭东同样在控制风险上具有非常高的素质和坚定的执行力。多年来，他一直把防范风险放在第一位。他操盘交易用的电脑上，都贴有"控制风险"的字样，连同事见了都有点惊异。

对此，李旭东如是说:"一个炒手的好与孬，不在别的，而在于他控制风险的能力如何。好的炒手，风险控制能力一定强。在这个市场上，我从来没想过要挣多少钱，而是时刻警惕风险，不要赔钱。"

在实战中，李旭东为防范风险，他长年坚持两点:

(1) 买股票的时间，大部分选择在下午两点以后。在这点上我们就可以看出散户和高手之间的区别，散户做股票往往是依据盘面雷达和自己的感觉，什么是盘面雷达? 如图 1-14 所示。

在途中我们可以看到很多的股票和现实很多的走势，比如急速拉升，打开涨停，封涨停板，猛烈打压等字样，在途中我们可以看到北新路桥这只股票显示的是急速拉升，那种保证猛拉的形态给人带来酸爽的快感和激增肾上腺素的刺激。

当我们看到这只股票在尾盘急速拉升的过程当中给我们一种非常猛的感觉，同时北新路桥同属于"一带一路"(此时的热点板块)，那么在肾上腺素的作用下，疯狂买进，不计成本地买进。如此一来你的价位肯定会比较高甚至是买在当日最高点，在现如今的行情当中你很容易高位被套，这就是脑子一热的结果。股票的交易机制决定了你的弱势，当日的涨幅并不一定代表次日能有同样的涨幅。

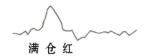

| | | | | |
|---|---|---|---|---|
| | **短线精灵** | **? 全 个 自 统 表 设** | | |
| 12 | 14:56:00 | 北新路桥 | 急速拉升 | 1.98 % |
| 8 | 14:56:00 | 百洋股份 | 急速拉升 | 1.89 % |
| 8 | 14:56:00 | 金科娱乐 | 急速拉升 | 2.59 % |
| 4 | 14:56:00 | 美力科技 | 急速拉升 | 1.82 % |
| 5 | 14:56:00 | 百利科技 | 急速拉升 | 1.86 % |
| | 14:56:00 | 通化金马 | 急速拉升 | 2.43 % |
| 8 | **14:56:15** | **泰山石油** | **封跌停板** | **10.20** |
| 5 | **14:56:27** | **隆华节能** | **封跌停板** | **6.27** |
| 5 | **14:56:30** | **隆华节能** | **打开跌停板** | **6.28** |
| | **14:56:34** | **游久游戏** | **打开涨停板** | **10.02** |
| 1 | **14:56:36** | **共达电声** | **封跌停板** | **9.19** |
| 3 | **14:56:42** | **隆华节能** | **封跌停板** | **6.27** |
| 0 | **14:56:55** | **诺德股份** | **封涨停板** | **14.23** |
| 9 | **14:56:57** | **隆华节能** | **打开跌停板** | **6.27** |
| | **14:56:58** | **银龙股份** | **封涨停板** | **25.29** |
| 2 | 14:57:00 | 吴江银行 | 急速拉升 | 1.81 % |
| 0 | **14:57:00** | **隆华节能** | **封跌停板** | **6.27** |
| | 14:57:00 | 北新路桥 | 急速拉升 | 2.06 % |
| 9 | **14:57:00** | **共达电声** | **打开跌停板** | **9.19** |
| | **14:57:00** | **英洛华** | **打开涨停板** | **6.45** |
| 5 | 14:57:22 | 东凌国际 | 急速拉升 | 3.43 % |
| 2 | 14:57:22 | 诺德股份 | 打开涨停板 | 14.20 |
| 0 | 14:58:00 | 浪莎股份 | 急速拉升 | 4.89 % |
| | 14:58:00 | 安记食品 | 急速拉升 | 1.91 % |
| 9 | 14:58:01 | 游久游戏 | 封涨停板 | 10.02 |
| 7 | 14:59:00 | 安记食品 | 急速拉升 | 1.90 % |
| | 14:59:00 | 东百集团 | 急速拉升 | 2.05 % |
| 2 | 14:59:00 | 浪莎股份 | 急速拉升 | 4.79 % |
| | 15:00:00 | 东百集团 | 猛烈打压 | -2.01 % |
| | 15:00:00 | 浪莎股份 | 猛烈打压 | -2.13 % |

-6.28    -0.19%

**图 1-14  盘面雷达**

**图 1-15  北新路桥**

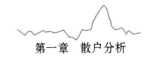

当然人是感性的动物，你让一个感性的动物做一件绝对理性的事情，这个问题要专门去解决。这个需要制度的约束、计划的制约（在之后的章节中有介绍）。作为股民，本金就是他的生命，不可以用生命去赌博，去下注，命没了你还能剩下些什么？

在通常情况下我会把资金或者是仓位分为四等分，以用来在不同时间补仓和其他用途，如果账户亏损到一半的时候就必须停止，不能无限制地去补仓和扛单。股票的市场机制还算是比较稳定的，它的保护措施比较全面，比如10%的涨跌停板，临时停牌等机制，所以使得众多的投资者养成了扛单和不断补仓的习惯。在期货或者是外汇市场上，如果扛单或者是不间断加仓的话，那么多少钱都不够赔，在期货和外汇市场上会有杠杆，在杠杆的作用下你的1万元就相当于10万元或者是500万元，如果扛单分分钟灰飞烟灭。

在2015年6月的股指期货交易中，当日盈利6.93倍，这个成绩算是比较可以的。在杠杆的作用下秒秒钟波动的数值是几万元，一般的散户心态是吃不消的。

（2）严格控制仓位。《大河报》对李旭东308个交易日的仓位做过一个统计：李旭东在开盘的前期是满仓进出。要么空仓，要么满仓，几乎没有半仓的。中后期，半仓、轻仓的次数逐渐增多。说明大盘越涨，市值越大，可能出现的风险就越大。在308个交易日中，李旭东空仓次数为98天，占总天数的31.8%；50%以下的轻仓44次，占14.2%；超过50%小于满仓的38次，占12.3%；满仓128次，占41.5%。在此期间，李旭东交易比较活跃，常常一天操作几个来回。但仍然以空仓降低风险。他常说"经常保持空仓，保持资金的流动性，是盈利的基本条件，也是控制风险的最佳方法。"

在越低位的时候仓位越大，在越高位的时候反而越谨慎，但是回顾我们的A股市场，往往是行情最好的时候，行情最高的时候操作频率最多，且散户心态也最疯狂，也是新散户入市最密集的。记得在2015年的时候身边有一个姓J的老股民，天天在我面前喊着股市要上1万点，股市要上2万点，此时的散户已经被暴涨的市场冲昏头脑。2015年5月12日是一个牛熊转折点，哀鸿遍野，连续数个跌停板压的投资者动弹不得。我们可以回顾历史行情，熊市往往在最牛的时候急转而下，所以越高位越要谨慎。

3. 快进快出，视短线为"钻石"

"快进快出"，重在一个"快"字，要干脆、果断，不拖泥带水，不优柔寡

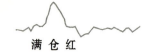

断，只看当下，不对后市抱有任何幻想。

操作中，他一般是前一天买入第二天卖出。对于权证，李旭东一般是当天一次或多次交易，每次持权时间都很短，常常以分秒计，多数时候权证不过夜，减少不确定性带来的风险。

谈及他多年屡试不爽的超短线手法，李旭东说："人们常说短线是银，我却视它为钻石。在我手中，一只股票很少能拿3天，权证几乎不过夜，但交易的成功率在90%左右。多年的征战使我深切地体会到，在风险极大的股票市场，真正值得投资的品种并不多，采取快进快出的投机手法，才能更好地保全自己，获取利润。"

4. 追求高成功率，没有90%以上的把握不出手

据统计，几年来，李旭东操作的总体成功率约为75%。他认为，"胜算"重在一个"算"字，《孙子兵法·始计篇》上有云："夫未战而庙算胜者，得算多也；未战而庙算不胜者，得算少也。多算胜，少算不胜，而况于无算乎?"李旭东在实战中始终坚持"谋算在前"，从不打无准备之仗。

他说，购买一只股票前，要首先考虑风险，想想在某个点位是否安全，大盘环境、个股行业环境如何等。如果没有80%~90%的把握，就不会出手，一旦出手，就一定要"快、准、狠"。

我们的散户总是犹犹豫豫，买卖点反复推敲捉摸不定，感觉上的低点，有了低点想更低点，出货等高点，有了高点想更高的点位，如此是不可取的。一旦判定要果断出击，要知道人非圣贤不可能买到绝对的低点也不可能卖到绝对的高点。

5. 追求复利，每天只赚一点点

采访中，笔者看到一张统计表，上面呈现着他交易获利的详细分类，他的盈利的"密集区"集中在1%~3%。也就是说，他每次赚得并不多，他追求的是"每次只赚一点点"和复利的效应。在从10万元到1000万元的"征途"中，他的日均盈利为1.5%。

采访中，他多次说过："积小胜为大胜，是我多年来形成的一个理念。不要小看只赚这一点点不起眼，可是复利的作用是非常巨大的。一年247个交易日，以1万元本金计算的话，如果你每天赚1%，一年后的资产是11.5万元。如果每天赚2%，那一年后资产就是130.5万元。如果每天赚3%，那一年后的资产就是1438万元。几乎所有的成功人士，都是这样积每天的小赚至最后的大赚。"

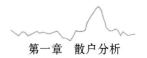

在行情不好的时候笔者会做短线，做 T＋0 或者是波段。笔者最近操作的股票是国电电力（600795），可能有很多人在质疑为什么要做这只股票？从盘面上看它并没有什么利润空间。

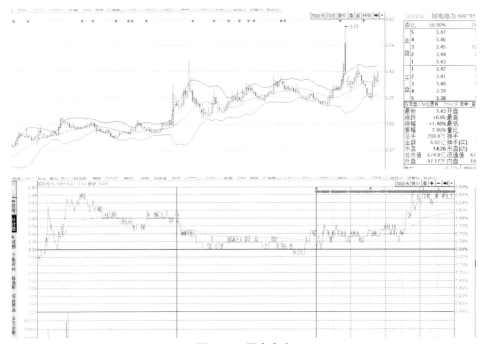

图 1-16  国电电力

每天的来回震荡无非就是几分钱。用常人的眼光看的确没什么油水可捞，但笔者每天可以捞出至少 4000 元的收益，况且每天都有，投入的资金其实也不大，只有 60 多万元，但非常稳健，可以说旱涝保收。说到这里很多人就不明白了，这是怎么做的，为什么每天 4000 元？其实有很多人觉得对于 60 多万元的本金每天 4000 元是少了一点，但要知道目前的行情。

在如此的行情下，首先我们要考虑的不是盈利。当然我们进股市首先要考虑的就是利润，但在盈利之前要把安全放在第一位。其实每个人的潜意识中都有一本账，就是风险和收益的账，当风险远远大于利润的时候，就很不划算了。对比大盘的行情和个股的收益，个人觉得，还是比较危险的，大盘每天有 4000 元的利润我还是比较满意的，至少笔者的风险系数很小。笔者做过大致的统计，就目前的市场行情而言，绝大多数人还处在亏损状态。

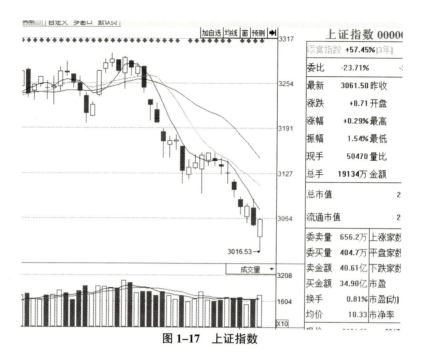

图 1-17　上证指数

我们来算一笔账，看看国电电力的利润如何，我们把 60 万元仓位分成两份，每份 10 万股国电电力，每次在绿盘两个点买进，在次日红盘两个点卖出，如此就有 4 分钱的利润，有时候行情大的时候会卖在 6~8 分钱，主要看行情而定，一般是 4 分钱。次日，如果是低开，在合适的位置再买进 10 万股，等翻红再把前一交易日的 10 万股出货，如果是先翻红就把前一交易日的股票先出货，在回到绿盘的时建仓，如此一来仓位两个就形成了底仓和面仓，在来回操作的情况下每天都会有 4 分钱的差价出来。如图 1-18 所示。

图 1-18　国电电力来回震荡

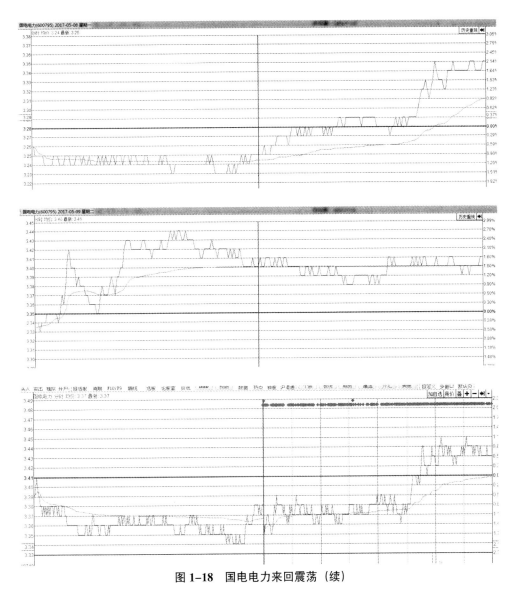

图1-18　国电电力来回震荡（续）

　　每天的振幅都相当的有规律。很容易把控，即使是刚入门的小散户也是如此。

　　选择这只股票还有一个很重要的原因，国电电力目前的价格是 3.43 元，但它的每股净资产在 2.7 元，未分配利润是 1.02 元，每股公积金是 0.28 元，且报表都还不错，所以该股下跌的可能性非常小。也就是说，被套的可能性非常小，是做日内 T+0 的首选。这就是所谓的安全第一。

　　0.04 元的差价肯定有很多人看不上，我们来算一笔账。每次操作 10 万股成

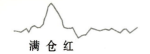

本也就是 35 万元不到。

10 万股 × 0.04 分 = 4000 元/日

4000 元 × 5 个交易日 = 20000 元/周

20000 元 × 4 周 = 80000 元/月

在保守的计算下，每个月能达到 10% 的净利润，一年翻番不是问题。在他人还在严重亏损的情况下，你能做出不亏损已经比较不错了，何况你有把握达到年内翻番的成绩。

日内 T+0 的相关内容会在之后的章节中重点阐述。

6. 心态

"平稳的心态，也是李旭东多年能取得好成绩的一个重要点。"和他在一起炒股多年的小陈向笔者介绍道，"股市机会很多，行情好时，许多股涨得很厉害，有时旭东也丢失过一些机会，但他不后悔。"

他有一颗淡定的心，他平稳朴实，知足常乐。有次他说前几天买进的天齐锂业好几个涨停，已有 40% 的收益了，要不是封了"一字板"早卖了。他说这是他破例拿的时间最长的一只股。赚了大钱，他并没有任何一点欣喜若狂的表情；亏了钱，他也很平静。他以 10 万元刚参赛时连亏几天的操作却一点不紧张，就像平时做股票一样，不断总结盘中经验教训，该进就进，该出就出，只有心态放平稳了，就会不惧不怕。当然，投资者要想真正成为成功者，就得有一个不断克服自己弱点的痛苦过程，这些年笔者深切地感到，真正最难的是挑战自己，战胜自我。

这点是难能可贵的，在一些散户中，在建仓之前往往信心满满，但很快就开始自乱阵脚了，本以为能获大利润的股票开场就是一个下跌，在开场不利的情况下散户往往抱着一种乐观的心态，总是安慰自己"没事等一等就上去了"，但等待是不能解决问题的。等待不是带来回本翻红，等来的却是下跌，从 5% 跌到 10%，当跌到 10% 的时候又对自己讲"等一等，等回本就出吧"，然后跌到 20% 又会对自己说"反弹一下就出吧"，最终就是跌到 40%，这个时候已经麻木了，算了吧就这样吧，破罐子破摔。这就是散户从短线做成中线，中线做成长线，长线做成贡献的过程。所以说在操作的过程当中我们要有制度约束自己，不以物喜，不以己悲，果断操作。

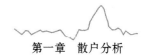

7. 学会面对失败

面对失败他没有倒下和放弃，他总结教训，最后成为了一名优秀的猎手。

他总是说，顺势而为，懂得及时止损，不要和大盘较劲儿。交易失败了，股票或是大盘没有按照此前的预期走，这时候必须果断斩仓，及时止损，然后寻找下一步的投资机会。

他操作中从来不设机械的止损点，只要心理预期与走势不符，立即就"闪"。

他每天不仅专注实盘操作，还要花大量时间研究国内外的政策、经济、外盘、黄金、外汇、期货等走势和信息，以便准确地决策和把握未来。为此，他每天很少能睡个囫囵觉。

他常说，可流动资金是一个操盘手的生命值，可流动资金越大，自己的生命值越大，资金被套牢了，一个操盘手也就几乎失去了活力，犹如一个植物人。

# 第二章　T+0 技巧

## 第一节　A 股 T+0

我们看到在众多的电子盘中都采用 T+0 模式交易，唯独 A 股是采用 T+1 交易制度，为什么 A 股不像外汇那样要 T+0 呢？这和我国的制度有关，因为中国市场被称作政策市场，就是国家对股市有一定的指导作用，而国家制定 T+1 是为了防止股票市场股价的过度投机，保持股票市场的稳定。T+0 交易曾在我国实行过，但因为它的投机性太大，所以，自 1995 年 1 月 1 日起，为了保证股票市场的稳定，防止过度投机，股市改为实行 T+1 交易制度，当日买进的股票，要到下一个交易日才能卖出。同时，对资金仍然实行 T+0，即当日回笼的资金马上可以使用。

在 A 股超短线的 T+0 交易策略中，其实就是注重分时图中低买和高抛的交易机会，关注价格波动期间的买卖时机。用低买和高抛的交易策略应对价格波动，是超短线的一种交易方式。当然，这里的低买和高抛的交易在每个交易日的分时图中都会出现。通常，我们以半仓资金建仓以后，从第二个交易日开始，我们就需要在半仓持股高抛的同时，用另外半仓资金选择价格低点建仓。

从投入的资金看，超短线 T+0 交易策略中我们投入的资金占比通常为半仓形式。虽然是半仓交易，却能够帮助我们更好地适应价格波动，减少因为重仓出现的风险。

在超短线 T+0 交易策略中，我们虽然没能在当日卖出刚刚建仓的股票，但是，两个半仓资金分别用于建仓和高抛，也达到了 T+0 的交易效果。因为二级市

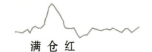

场价格波动比较大的特征，以及很多投资者想要获得更高投资回报的需求现状，我们采取更加灵活的超短线两个半仓来回倒的T+0交易策略，在每一次的交易当中都能获取微小的利润，以积少成多的方式来获得累积大利润，以期获得更为丰厚的投资收益。

当我们采取超短线T+0交易策略的时候，需要关注个股的波动率情况。笔者做过大量的调查，在普通散户操作过程当中基本上是看到日线为主基调，很少有股民看到小时线甚至是30分钟线、15分钟线这种小级别的K线，那么在操作过程中就很难找到日内精确低点和日内的高点。做长线要看日周月线，做短线要看到分时日，这才是正确的精准狙击的方法。这也是我们获得超短线收益的基本保证。只要波动率达到盈利目标，实战操作上才能够更得心应手。

# 第二节　日内超短线

要在日内进行超短线，则需要持有股票底仓。在T+0操作方式中，可以充分利用价格波动，遇到价格冲高可以止盈，短线避免利润缩水；在价格下跌时可以补仓，降低持仓成本。若要做T+0，通常会采取半仓操作，这降低了持仓风险，减少持仓盲目性。做T+0的最大优势是因为手中有底仓，当口再加仓后可以卖出底仓，博取日内股价波动的差价，从而降低底仓成本或扩大底仓收益，相当于使用1倍杠杆，来达到底仓降低成本减损或扩大底仓收益的目的。T+0适用于喜爱短线又有充分时间看盘的人群。T+0分为顺向T+0和逆向T+0。

并不是每一只股票都适合用来做T+0的，笔者在一些证券公司讲课培训的时候经常性地碰到一些股民有这种思想，某只本想做短线的股票被套住了，就想用T+0的方法慢慢回本，其实这是不对的，因为他还不明白做股票是为了回本还是为了利润，如果是为了回本，那么来这个市场又有什么意义？有些散户有一种不服输的心态，在这只票中摔倒就一定要在这只票中站起来，凭着一腔热血来到这个市场，又用骨气去和市场怄气，证券交易能不累吗？这就是很多人炒股炒得很烂的原因。

说了那么多，我们要选择什么样的股票比较合适？

（1）高换手率的个股。换手率达到5%的时候，价格波动强度可以高达5%。一只股票价格波动要达到3%才具备每日T+0的操作条件，T+0的交易过程容易获得足够的盈利空间。如果个股具备了较大的换手率，那么我们就判断个股更容易在开盘价格上出现跳空。并且，分时图中股价更加活跃。即便收盘价格涨跌幅有限，价格震幅却会很高。T+0的交易过程中，我们不需要关注收盘价格的位置，而应更看重价格能够到达多么低的价格底部，或者说价格能够达到多么高的顶部。因为价格低点是我们建仓的位置，而价格高位是我们高抛的价位（如图2-1所示）。

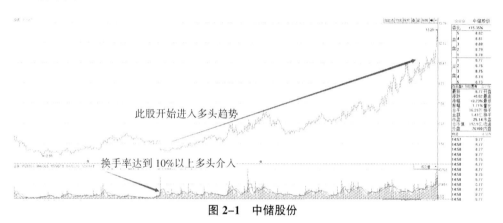

图2-1 中储股份

（2）5%以上换手率的活跃标的股。换手率较高的时候，流通股份更好地得到了转手，价格走势趋于活跃。一般情况下，一个交易日中流通股份中5%得到换手，表明投资者参与股票买卖非常积极，价格波动空间自然会比较高。流通股

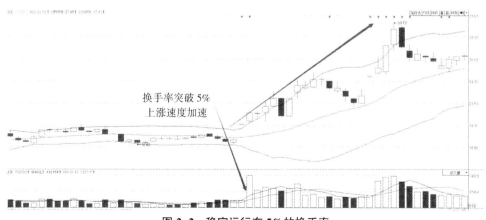

图2-2 稳定运行在5%的换手率

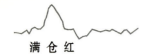
中 5% 的股份得到换手，价格波动强度自然很高。我们有理由相信，这个时候采取 T+0 的交易策略，更容易成功。

当换手率稳定在 5% 上方的时候，价格走势趋于活跃。一旦我们考虑在价格低点买入股票，自然容易盈利。实际上，当股价趋于活跃时，任何分时图中的价格低点都很容易提供 T+0 交易的买点。并且，考虑到价格走势较强，分时图中价格高位容易出现，我们短线低吸的盈利机会也容易形成（如图 2-2 所示）。

要注意的是，在 T+0 时要把日线分化成 15 分钟线，搭配 KDJ 或者其他技术指标，去进行寻找日内低点（买点）和日内高点（卖点），避免盯着日线做短线的误区。

# 第三节　顺向 T+0

顺向 T+0 的具体操作方法是：

（1）当持有的股票在盘中表现出明显的上升趋势时，可以趁机买入同等数量的同一股票，待其涨升到一定高度之后，将原来被套的同一品种股票全部卖出，从而在一个交易日内实现低买高卖，以获取差价利润。

（2）当投资者持有一定数量被套股票后，即使没有严重超跌或低开，那么当该股在盘中表现出明显上升趋势时，可以趁这个机会，买入同等数量同一股票，待其涨升到一定高度之后，将原来被套的同一品种的股票全部卖出，从而在一个交易日内实现平买高卖，以获取差价利润。

（3）当投资者持有的股票没有被套牢，而是已经盈利的时候，如果投资者认为该股仍有空间，可以使用 T+0 操作。这样可以在大幅涨升的当天通过购买双倍筹码来获取双倍的收益，争取利润的最大化。降低股票的持仓成本，也就是低买高卖 T+0 操作。如原持有某只股票 10000 股，当日股票走势良好，有上升趋势，则在当日相对的低点再买入 10000 股，等待其上涨之后再卖出 10000 股，完成日内短线操作，底仓仍为 10000 股（如图 2-3 所示）。

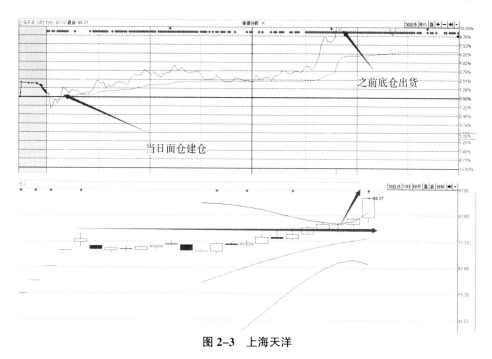

之前底仓出货

当日面仓建仓

图 2-3　上海天洋

　　上海天洋，早盘低开之后一直震荡走弱，但并未大幅偏离均价线，从日线图上看，股价强者恒强突破均价，在此位置买入和底仓同样多的股票，随后股价开始由弱转强，午后更是一度拉升至涨停，日内 T+0 便可高位止盈，卖出原有的股票，完成顺向 T+0，当日收益最大可达到 12%。如果股民采取顺向 T+0 时，对于价格的低点要判断准确，一定要在价格盘中充分回调，量能充分放大后股价探底回升之后再开始买入股票，这时对应的价格低点是比较可靠的买点。顺向 T+0 适用于探底回升走势，主要有低开高走、低开杀跌后反弹、震荡下挫尾盘拉升、探底回升等情况，除了对低点的判断之外，止盈的设置同样重要，需要注意的是，要做日内 T+0，个股股性一定要活跃，价格波动空间高，投资者更容易获得利润。

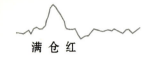

# 第四节　逆向 T+0

既然有顺向 T+0 就有对应的逆向 T+0。逆向 T+0 操作技巧与顺向 T+0 操作技巧极为相似，两者的区别在于：顺向 T+0 操作是先买后卖，逆向 T+0 操作是先卖后买。顺向 T+0 操作需要投资者手中必须持有部分现金，如果投资者满仓被套，则无法实施交易。而逆向 T+0 操作则不需要投资者持有现金，即使投资者满仓被套也可以实施交易。

| 成交日期 | 证券代码 | 证券名称 | 操作 | 成交数量 | 成交均价 |
|---|---|---|---|---|---|
| 20160802 | 002414 | 高德红外 | 证券买入 | 4400 | 24.200 |
| 20160802 | 002414 | 高德红外 | 证券买入 | 3300 | 24.200 |
| 20160804 | 002414 | 高德红外 | 证券卖出 | -1900 | 24.800 |
| 20160804 | 002414 | 高德红外 | 证券卖出 | -2600 | 24.800 |
| 20160804 | 002414 | 高德红外 | 证券卖出 | -5500 | 24.800 |
| 20160808 | 002414 | 高德红外 | 证券买入 | 3800 | 24.300 |
| 20160808 | 002414 | 高德红外 | 证券买入 | 2600 | 24.300 |
| 20160808 | 002414 | 高德红外 | 证券买入 | 3600 | 24.300 |
| 20160809 | 002414 | 高德红外 | 证券卖出 | -2900 | 25.250 |
| 20160809 | 002414 | 高德红外 | 证券卖出 | -7100 | 25.250 |
| 20160811 | 002414 | 高德红外 | 证券买入 | 5800 | 24.820 |
| 20160811 | 002414 | 高德红外 | 证券买入 | 4200 | 24.820 |
| 20160819 | 002414 | 高德红外 | 证券卖出 | -6800 | 25.900 |
| 20160819 | 002414 | 高德红外 | 证券卖出 | -3400 | 25.900 |
| 20160824 | 002414 | 高德红外 | 证券买入 | 1200 | 25.420 |
| 20160824 | 002414 | 高德红外 | 证券买入 | 3600 | 25.420 |
| 20160824 | 002414 | 高德红外 | 证券买入 | 5200 | 25.420 |
| 20160830 | 002414 | 高德红外 | 证券卖出 | -8200 | 27.010 |
| 20160830 | 002414 | 高德红外 | 证券卖出 | -1800 | 27.010 |
| 20160905 | 002414 | 高德红外 | 证券买入 | 7600 | 26.500 |
| 20160905 | 002414 | 高德红外 | 证券买入 | 2400 | 26.500 |

查询日期 2016/ 8/30 ▼ 至 2016/ 9/ 6 ▼　确定　常用汇总

图 2-4　高德红外逆向 T+0

图 2-4 就是逆向 T+0 的操作，全仓的买卖，而顺势 T+0 是半仓的买卖。

逆向 T+0 的具体操作方法如下：

（1）当投资者持有一定数量被套股票后，某天该股受突发利好消息刺激，股价大幅高开或急速上冲，可以乘这个机会，先将手中被套的筹码卖出，待股价结束快速上涨并出现回落之后，将原来抛出的同一品种股票全部买进，从而在一个交易日内实现高卖低买，以获取差价利润。如果涨停或者是大幅度向上一路高歌，那就一直持有，不做卖出动作，不然很容易做脱手，这就是很多人常说的做T做飞掉的原因，一定要有回落的把握才高卖，低点接回（如图2-5所示）。

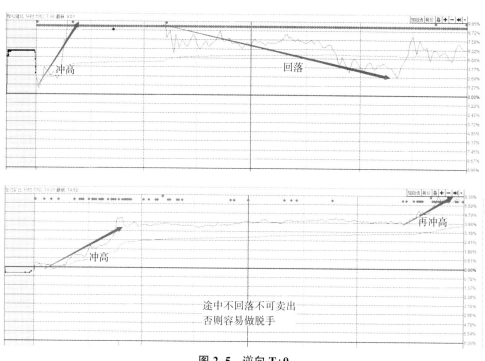

图 2-5　逆向 T+0

那么，中途是否回落如何判断？可采用把日线分成15分钟线的方式结合KDJ指标判断。

（2）当投资者持有一定数量被套股票后，如果该股没有出现因为利好而高开的走势，但当该股在盘中表现出明显下跌趋势时，可以乘这个机会，先将手中被套的筹码卖出，然后在较低的价位买入同等数量的同一股票，从而在一个交易日内实现平卖低买，以获取差价利润。这种方法只适合于盘中短期仍有下跌趋势的个股。对于下跌空间较大，长期下跌趋势明显的个股，仍然以止损操作为主。如果一只股票一路下滑，则表明该股不合适做T+0。T+0的原则是横盘震荡或者是震荡向上，一路下跌绝对不允许做T+0。如图2-6所示的股票走势就是连续下跌。

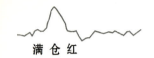

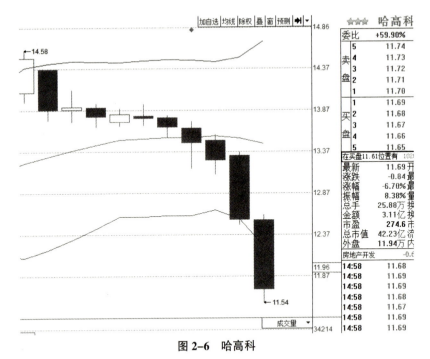

图 2-6　哈高科

（3）当投资者持有的股票没有被套牢，而是已经盈利的获利盘时，如果股价在行情中上冲过快，也会导致出现正常回落走势。通过盘中 T+0 操作，争取利润的最大化。

（4）逆向 T+0 适合冲高回落的走势，主要有开盘冲高回落、开盘多次冲高后回落、冲击涨停失败、高开低走及低开低走等情况，比较适合满仓被套的投资者。

如图 2-7 所示，青海华鼎（600243）早盘低开高走快速冲高，但随即回落，开盘的走势显示投资者可以高位止盈，股价快速跳水之后回落开盘价位置时再接回，波动空间在 8% 左右。股价在开盘后短时间内波动空间很大，高位卖点很可能短时间消失，若要获利必须时刻做好止盈准备，并在挂单卖出时以较现价更低的价格出货，以便于及时成交锁定短线利润。在实战操作中，将分时图与 K 线图相结合，来判断股价高低点。

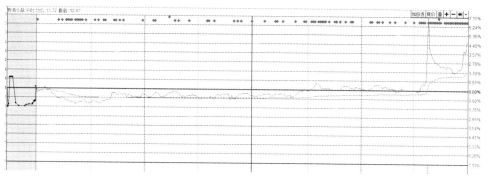

图 2-7 青海华鼎

# 第五节 T+0 注意要点

## 一、操作原则

T+0 操作属于超短线操作方式，有一定的操作难度和风险，具体应用时要掌握其操作原则。

（1）股价中期趋势不坏或震荡区间清晰，箱体不变。

（2）股性活跃，主力资金还在局中，出货迹象不明显。

（3）暴涨后的股票，高位不做 T，直到见顶出货。

（4）股性不活跃的，振幅小的大盘股不做 T，持股不动做长线投资。

（5）题材出尽，高位放巨量长阴的不做，有主力出货被套风险。

（6）技术均线系统高位死叉信号的不做。

（7）大盘出现系统风险不做，系统性风险不得有侥幸心理。

## 二、注意事项

（1）T+0 操作必须建立在对个股的长期观察和多次模拟操作的基础上，能够非常熟悉个股股性和市场规律。有很多人不习惯做自选股，首先我们要明确做自选股池是为了更好地长期观察股票掌握个股的节奏和规律，增加盘感。

做盘中 T+0 的前提是对股票走势有比较准确的把握，否则反而会加大自己的

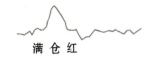

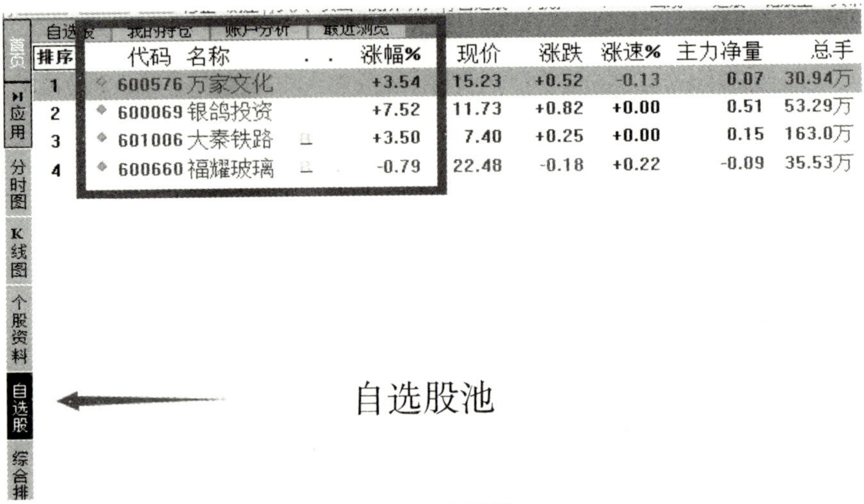

自选股
我的持仓
账户分析
最近浏览
首页
应用
分时图
K线图
个股资料
自选股
综合排
排序 代码 名称 涨幅% 现价 涨跌 涨速% 主力净量 总手
1 600576 万家文化 +3.54 15.23 +0.52 -0.13 0.07 30.94万
2 600069 银鸽投资 +7.52 11.73 +0.82 +0.00 0.51 53.29万
3 601006 大秦铁路 +3.50 7.40 +0.25 +0.00 0.15 163.0万
4 600660 福耀玻璃 -0.79 22.48 -0.18 +0.22 -0.09 35.53万
自选股池


**图 2-8　自选股**

损失。如高低点的位置判断不准确，在股价上冲时，在上冲途中选择卖出止盈，想要等回落后接回，结果股价一飞冲天，不再回头，导致错失牛股。还有觉得在低位时加仓买进，结果股价持续下跌，买入部分再度被套，增加损失。对于价格高低点位的判断，需结合 K 线图等各种技术指标，在单边势中最好不动。在单边上扬市中一旦做 T+0 操作会有踏空的可能，在单边下跌势中做 T+0 操作会有再被套的危险，并且资金一旦被全数套牢，后期将会失去主动权。在压力位卖出，在支撑位买入，如此不容易 T 飞。

（2）T+0 操作要求投资者必须有适时看盘的时间和条件。还要投资者有一定短线操作经验和快速的盘中应变能力。做 T+0 时，必须有足够的时间盯住盘面，将分时走势、5 分钟走势和 15 分钟走势图结合起来，选股上最好是自己熟悉的个股，掌握该股的股性，能看出或分析出它近期的走势，是盘整期还是单边市（如图 2-9 所示）。

（3）T+0 操作时要快，不仅分析要快，决策要快，还要下单快，跑得快。T+0 还需考虑交易成本，多数人亏钱可能在手续费上，假如小量买卖会增加交易本钱，一天一般只操作一次。但资金量大的投资者另当别论。这就要求投资者注意选择咨讯更新及时、交易方式迅速和交易费用低廉的证券公司。

（4）T+0 操作时切忌不能贪心，一旦有所获利，或股价上行遇到阻力，立刻落袋为安。这种操作事先不制定具体盈利目标，只以获取盘中震荡差价利润为操

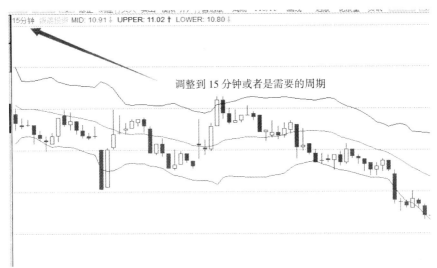

调整到 15 分钟或者是需要的周期

图 2-9　15 分钟走势

作目标。在实战操作时，不要寻求最优的买卖点，因为股价的高低点位是相对的，在做 T+0 之前，可以预先做好计划，设置好止盈止损。从日内短线来说，如果存在 3% 的波动空间，投资者就能在 T+0 中获利，所以，只要存在 3% 的利润，短线便可以止盈。T+0 的关键是，在减少持股风险的基础上，增加每一次的交易获利空间，对于股票数量的多少不需要贪多嫌少。

### 三、做 T 操作的纪律

（1）买入仓位不可大于底仓股数。

（2）必须逢低买进而不是追涨，买跌卖涨。

（3）不可贪婪，一般 1~3 个点获利即可卖出做 T 筹码。

（4）做 T 不是补仓，失败的做 T 是，没 T 成功反而变成加仓，加重被套筹码的成本。

（5）做 T 筹码当日不论盈亏，必须出局卖出。

（6）摸索规律反复做 T，持之以恒。

### 四、冷静分析

在选择 T+0 个股时，尽量选择均线多头排列的强势股，毕竟不管是顺向操作还是逆向操作，最终的目的还是股价上涨。一直处于下跌趋势的股票，无论怎么

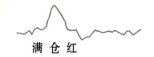

做 T+0，还是难以盈利，若股票在空头趋势之中不幸被套，总体应该减仓操作，同时卖出之后不要急于接回，等待见底企稳之后再次接回。做 T+0 的心态和炒股心态在任何时候都是重要的，例如被套，这是家常便饭一样的现象，这时千万不能懊悔和丧失信心，一定要分析被套的原因和补救的措施，冷静面对！更不能抱着侥幸心理，短线被套做中线，中线变长线，长线变股东。

股票被套后，要做的事如下：

（1）冷静分析标的股下跌是短期的还是中长期顶部，这个非常重要，要是涨幅巨大后出现放量长阴，什么 T 不 T 的，只有果断砍仓，没有商量！如图 2-10 所示，做 T 的股票一定是要中短期趋势不坏，或量价关系良好，题材未尽的个股，高位的，涨幅巨大的股票不适合做 T！

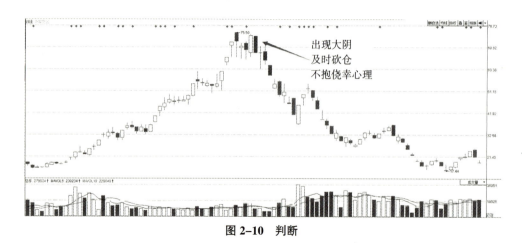

出现大阴
及时砍仓
不抱侥幸心理

图 2-10　判断

（2）做 T，不是补仓，这是有区别的，这里涉及仓位控制，以后再讲！做 T 的原则是在周期内一定要卖出加仓部分，维持仓位不变的，这样才有资本滚动操作，而不是一味补仓，赶上大跌票而全军覆没！

（3）不能贪，做日内交易，见好就收，哪怕一买一卖降低 1 分钱的成本你都是一次成功的操作。不是任何股票被套都进行做 T 操作，那些涨幅巨大，高位长阴杀下来的，趋势改变的，只有砍仓止损，别无选择，更不能所谓的加仓、补仓。做 T+0 的原则是趋势不坏，或震荡区间没有破坏，股性活跃，题材未尽，主要支撑不破的股票，应对的是主力的洗盘手法。

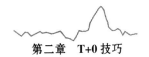

# 第六节　T+0 的操作难点

作为散户，T+0 操作完全是一种被动的 T+0 操作方式，因为个股的波动是自己无法掌控的，但 T+0 操作本身却是一种主动出击的思路，这种大局和局部的关系需要注意。T+0 操作时经常会遇到这样的事情，预测正确，操作失误。

原因：对走势的把握不准，对大盘的走势，对板块的走势，对个股的股性把握没有达到统一。预测也只是一种假设，要将各种可能出现的情况和现有的条件分析清楚。首先，通过小的尝试，反复地介入和出局，达到对目标股主升段的把握。这里要说明的是，不断地 T+0 会无形地增加很多交易成本，多数人亏钱可能也是在手续费上，但上升趋势和下降趋势的操作有本质的区别，在下降趋势中，必须要有见利就走的准备，因为你不能保证反弹什么时候会结束（如图 2-11所示）。

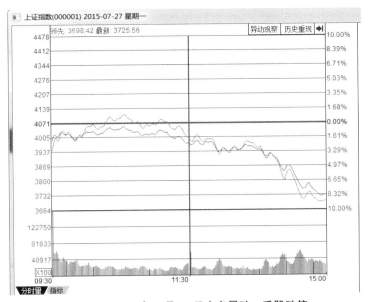

图 2-11　2015 年 7 月 17 日大盘暴跌，千股跌停

T+0 在选股中所起的作用，T+0 不会对某一个股票进行长期操作，而是在一

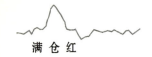

个上升的阶段进行的操作，这个上升阶段结束后一个 T+0 操作阶段也就完成了。T+0 操作的风险大小，完全取决于选股的好坏，按照什么操作系统选股，基本上就会有什么样的盈利结果。现实和预测之间不断协调中和。预测在实际操作中是一种争议颇多的方法，但在 T+0 中却难以避免这样的方法，操作本身有很多挨耳光的时候，挨耳光也不见得是坏事，操作需要保证的是本金的安全。预测，可以理解为一种止损保护，T+0 操作很大成分也建立在这个基础上，一旦好的获利机会出现，马上由预测变为跟随。一旦出现风险立即止损，如系统性风险出现。

# 第七节  T+0 操作的五种形态

（1）盘中圆弧底。圆弧底是指股价运行轨迹呈圆弧形的底部形态。这种形态的形成原因，是由于有部分做多资金正在少量的逐级温和建仓，显示股价已经探明阶段性底部的支撑。它的理论上涨幅度通常是最低价到颈线位的涨幅的一倍。需要注意的是，盘中圆弧底在用于对个股分析时比较有效，但指数出现圆弧底往往未必有像样的涨升（如图 2-12 所示）。

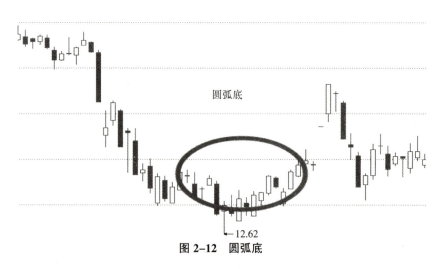

图 2-12  圆弧底

（2）盘中 V 形底。俗称"尖底"，形态走势像 V 形。其形成时间最短，是研判最困难、参与风险最大的一种形态。但这种形态的爆发力最强，把握好，可以迅速获取利润。它的形成往往是由于主力刻意打压造成的，使股价暂时性地过度超跌，从而产生盘中的报复性上攻行情。这属于短线高手最青睐的一种盘中形态（如图 2-13 所示）。

图 2-13　盘中 V 形底

（3）盘中双底。股价走势像 W 字母，又称 W 形底。是一种较为可靠的盘中反转形态，对这种形态的研判重点是股价在走右边的底部时，即时成交量是否会出现底背离特征，如果，即时成交量不产生背离，W 形底就可能向其他形态转化，如多重底。转化后的形态即使出现涨升，其上攻动能也会较弱。这类盘中底部形态研判比较容易，形态构成时间长，可操作性强，适合于短线爱好者操作或普通投资者选择买点时使用（如图 2-14 所示）。

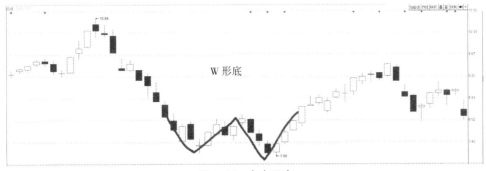

图 2-14　盘中双底

（4）盘中头肩底。其形状呈现三个明显的低谷，其中位于中间的一个低谷比其他两个低谷的底位更低。对头肩底的研判重点是量比和颈线，量比要处于温和放大状态，右肩的量要明显大于左肩的量。如果在有量配合的基础上，股价成功突破颈线，则是该形态在盘中的最佳买点。参与这种形态的炒作要注意股价所处

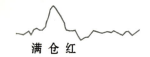
位置的高低，偏低的位置往往会有较好的参与价值（如图 2-15 所示）。

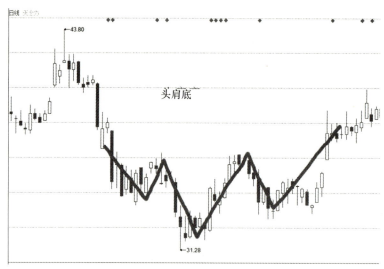

图 2-15　盘中双肩头

（5）盘中平底。这是一种只有在盘中才特有的形态。其经常能演变为"平台起飞"形态。具体表现形式是：某些个股开盘后，走势一直显得十分沉闷，股价几乎沿着一条直线做横向近似水平移动，股价波动范围极小，有时甚至上下相差仅几分钱。但是，当运行到午后开盘或临近收盘时，这类个股会突然爆发出盘中井喷行情，如果投资者平时注意观察，密切跟踪，并在交易软件上设置好盘中预警功能，一旦发现即时成交量突然急剧放大，可以准确及时出击，获取盘中可观的短线收益（如图 2-16 所示）。

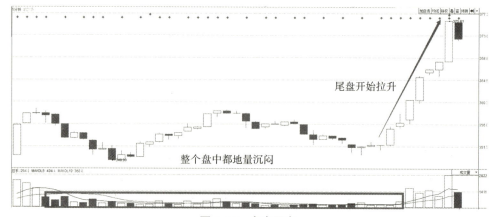

图 2-16　盘中平底

注意：在寻找盘中形态的时候我们要把日线转化成 5 分钟线或者是 15 分钟线去寻找，不能用日线找，太笼统不精细，很容易造成疏忽。

# 第八节　T+0 成本计算

（1）T+0 不一定是要在当日完成，T+0 其实就是高抛低吸，千万别做成加仓动作，尤其是大盘震荡、方向不明的时候。有一种说法是 T+0 必须在当日实施完成，笔者认为不是。T+0 其实就是高抛低吸，只要遵循 T+0（高抛低吸）的操作原则就可以，如果行情不配合的情况下可以 T+1、T+2 或者是 T+N 完成，市场搏杀利润为先，有低点才能补仓，有高点才能出货，行情涨停的情况下不必出货，应一直持有，行情不配合的情况下及时砍仓。

（2）T+0 是多出来的套利，不做什么都没有，所以别贪，结合大盘和个股，个人经验以盈利 2% 为目标，不行 1% 也走，但要低于你股票手续费的成本。股票手续费不单单只有万分之几到千分之几的手续费，还有其他的费用。

第一成本包含有股票买入时最低为 1 手（100 股），卖出是没有限制，但也要注意交易成本。

现在股票买卖的费用有：

1）过户费：上海交易所股票买卖均收取过户费，每 1000 股收取 1 元（最低收取 1 元），深圳交易所不收取过户费。

2）交易印花税（买卖均收取）：成交金额的 3‰。

3）交易佣金（买卖均收取）：根据交易形式不同收取成交金额 1.5‰ 至 3‰，最低收取 5 元（场外户网上交易佣金会低些，一般在 1.5‰，是在开户时就定好了，也是最低收取 5 元）。

4）交易委托费：有的券商收取交易委托费，甚至每刷一次交易卡都会收取，1~5 元不等，开户时应问好了。

其中，第一项和第二项是固定的，大家都要交，并且是一样多，只有后两项是券商收取的，多少不等，具体的事项还要咨询券商，因为即使是同一个券商不同营业部收费标准也不同。这一点要选择好，因为手续费有的地方是不收取的，

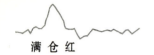

虽然你办理了网上交易，但交易佣金是在你开户时就定好的，具体多少还要看你开户时的约定。

假设你 10 元买入 100 股建设银行股票，金额为 1000 元，按最高的 3‰ 计算交易佣金。股票交易的费用为：

1) 买入交易印花税：$1000 \times 3‰ = 3$ 元。

2) 买入交易佣金：$1000 \times 3‰ = 3$ 元 = 5 元（最低收取 5 元）。

3) 上海市场过户费：100 股 = 0.1 元 = 1 元（最低收取 1 元，如果是买入了 200 股也会收取 1 元，买入 1200 股，收取 1.2 元，以此类推）。

4) 交易委托费：有的券商会收取此费用 1~5 元不等（只是券商收取，和两市交易所无关，但并不是每个券商都会收）。

全部费用为 9 元（不包含交易委托费），交易成本为 1009 元，每股的买入成本为 10.09 元，即买入金额 0.9% 的成本。卖出时还要再加上 0.9%（即 0.1 元，股价在 10.19 元）才可以。

买入和卖出所缴纳的费用是一样的，只是股价不同而所缴费用不同。如果你开户的营业部没有收取委托费等其他杂费，且你的成交金额在 1700 元以上，那么，在你买入股价的基础上乘以 1.015（这里是按最高的交易佣金 3‰ 来算的），股价在此之上基本就为盈利部分。所以资金少的笔者不怎么建议做 T+0。

（3）只有多研究分时走势，多多试验，才能不断提高成功概率。有些人一上来就想做 T+0，感觉很神奇，很有诱惑力，高抛低吸讲究的是专一，专一于一只股票，长时间不间断地观察有助于加强盘感，熟悉个股波动规律。所以别把高抛低吸想得太过于简单。

（4）T+0 最忌讳的就是追涨杀跌，和做权证不同，因为你买入的部分今日不能售出；你每天只有一个机会，一旦失误将影响你一天甚至是几天的操作，所以在做的过程当中要配合 KDJ 指标观察 5 分钟线、15 分钟线寻找日内低点和日内高点。(笔者习惯 KDJ15 分钟线)

（5）必须严格设立止损，不能因为下跌而不卖，否则股票越做越多，成本越做越高。有很多人在做 T 的过程中经常做脱手或者被深套，都是因为节奏没有掌握好，盘感的缺失的确容易失误。

# 第三章　KDJ 系统

## 第一节　KDJ 的优势

在前文中我们多次提到 KDJ 系统，似乎对它特别偏爱，在这里笔者郑重申明的是，本人甚是喜欢 KDJ 指标。可能从来没有一个指标像 KDJ 一样，交易者对其看法分化得如此严重：喜欢者，对其如痴如狂；唾弃者，对其不屑一顾。KDJ，到底是天使还是魔鬼？也许这真是一个仁者见仁、智者见智的问题。不过，交易者中有一类人支持 KDJ 指标的占据了多数——那就是短线交易者。KDJ 之所以获得短线交易者的喜爱，主要得益于以下几个方面。

### 一、高灵敏度

KDJ 指标具有极佳的灵敏度。当股价运行趋势发生细微的变化时 KDJ 指标总能在第一时间给出交易指示信号。在短线交易中，每一秒钟的变化都可能对交易结果产生重要影响，KDJ 指标这一特性，可以帮助短线交易者及时做出正确的交易决策。

在交易过程当中要实时纠正自己的方向，"因时而动，因势而动"讲的就是这个道理，散户一贯思维是做进去要是涨了就继续拿，能按照既定程序走下去，要是跌了就硬撑直至深套。由于众多的投资者缺乏专业知识，在被套的时候往往凭感觉靠运气分析，则往往被深套。

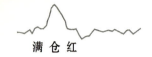
## 二、预警指示功能

当股价启动强势上涨或下跌行情时，KDJ 指标中的各条曲线就会进入超买或超卖区域，指示交易者可能面临风险。此时，短线交易者可以根据股价变化及时调整交易策略，最大限度地获取投资收益，回避交易风险（如图 3-1、图 3-2 所示）。

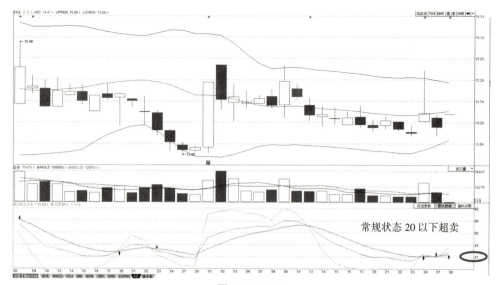

常规状态 20 以下超卖

图 3-1　KDJ

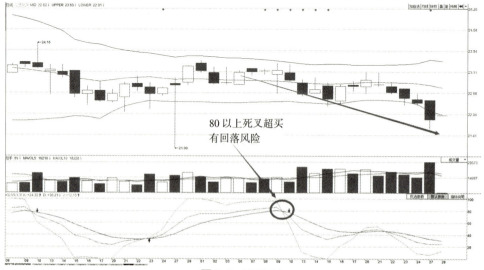

80 以上死叉超买
有回落风险

图 3-2　KDJ 80

首先我们要知道超买和超卖的区间值，KDJ80 以上是超买，20 以下是超卖，在常规状态下 KDJ80 以上超买状态下就有回落的风险，应该高位出货。KDJ 值在 20 以下时属于超卖现象是要逢低吸纳。这是一般散户认知常规的使用方法。此外还有徘徊区，还有 KDJ 的徘徊使用，稍后我们会详细讲解。

### 三、兼容性强

没有一个技术指标可以单独存在，所有的技术指标都要配合使用。KDJ 也是需要配合其他指标使用。

将 KDJ 指标与 K 线形态、均线、MACD 指标和 BOLL 指标配合使用，可以有效扩大 KDJ 指标的应用范围，提升买入和卖出操作的准确性。

任何事物都是有两面性的。KDJ 指标高灵敏度的另一面就是无效信号过多。对于大多数普通交易者来说，KDJ 指标只是看起来很美，筛选 KDJ 指标信号的难度则是非常现实的问题。于是，放弃难以把握的指标，就成了很多人最合理的选择。不过，成功的交易者往往走了别人不常走的路。也正是 KDJ 指标这种优劣并存的特点，让很多交易者望而生畏，同时也让它成为很多短线交易者的最爱。KDJ 指标的劣势可以有效回避，优秀的短线交易者在研判 KDJ 指标时，往往遵循以下两个原则：

第一，位置决定价值。KDJ 指标在不同位置发出的交易信号，且信号指示强度往往是有差别的。例如，底部超卖区域发出的买入信号往往可信度较高，高位发出的买入信号则相对较差。当然，这也并不是绝对的。如同指标超买预示股价很可能会下跌，但发生超买时，往往正是股价处于高速上涨的时段。总之，具体问题要具体分析，任何绝对化的方法都是不科学的，也是不可取的。

第二，相信 KDJ，但不迷信 KDJ。股市中有太多的变数和不确定性。任何一种技术指标，其准确性都是概率问题，即使能够做到 90% 的准确率，也还有10% 的失误。像 2015 年 6 月中旬暴跌行情来临时，机械地套用任何一个技术指标，都可能让交易者损失惨重。KDJ 指标，说到底只是众多技术指标中的一种，它能够被广泛应用，说明它有效，但总归有其局限，也有失灵的时候，更准确的说法是它也有让交易者无法盈利的时候。交易者必须对市场充满敬畏之心，不要试图寻找一个最简单的交易捷径，而是要不断地修正和完善自己的交易系统，并使之越来越准确。正因为如此，本书在介绍 KDJ 指标的同时，也给出了 KDJ 指

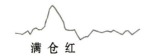

标与股价 K 线、均线和其他技术指标组合分析的方法，力求拓宽读者的视野，增加投资成功的概率和可能。通过调整分析周期，交易者也可以将 KDJ 指标用于指导中长线交易，例如将分析周期从日线调整为周线、月线乃至季线。不过，KDJ 指标毕竟是一个短线分析指标，将其用于中长线交易时，其准确性和及时性都会大打折扣。当然，即使是一名短线交易者，能够熟练应用 KDJ 指标也还是远远不够的。在股市中交易，还需要练就更加严格的纪律执行力、更成熟的心态和更敏锐的观察力。这些东西是任何一本书都无法直接传授给大家的，只有通过不断的交易来积累和沉淀。

# 第二节　KDJ 指标使用公式

对于股民而言，不管哪个指标，只有精通才能发挥其最大的作用，从而帮助我们成功地在股市赚钱。

有些股民对于技术指标不屑一顾，认为那是骗人的东西；有些人说，指标只是一个参考的工具，因为指标可以被刻意制造出来。而笔者想说：指标就好比一件兵器，能否用好，能否不伤到自己，取决于自己的功力。那么，究竟如何才能让指标充分发挥积极作用呢？今天笔者和大家分享 KDJ 的高级应用，仅供参考。

## 一、KDJ 指标细则

如图 3-3 所示，K 值为黄线，D 值为绿线，J 值为红线。

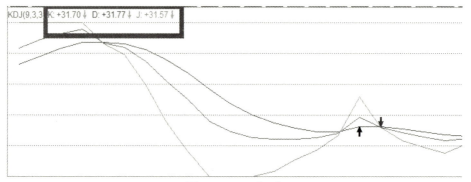

图 3-3　KDJ 细则

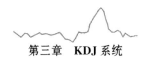

K与D值永远介于0~100。D大于80时，行情呈现超买现象。D小于20时，行情呈现超卖现象。

K大于D时，显示趋势是向上涨，因此K线突破D线时，为买进信号。当D值大于K值时，趋势下跌，K线跌破D线时为卖出信号。

## 二、KDJ指标买入形态和卖出形态应用

1. 买入形态：D线进入超卖区间

在KDJ指标的三条曲线中，当D线持续下跌，跌破20时，就是进入了超卖区间。

杉杉股份（600884）股价在2017年1月7日KDJ指标中的D线跌破20位进入超卖区间。于1月20日D线突破20位置，说明空方极度强势的行情已经结束，股价开始见底反弹（如图3-4所示）。

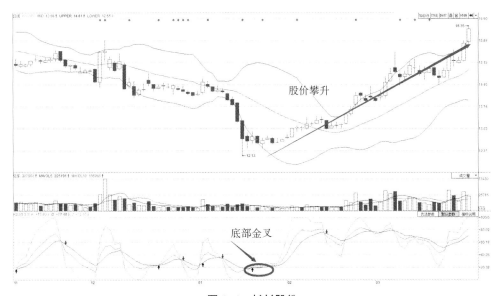

图3-4　杉杉股份

2. 买入形态：J线进入超卖区间

在KDJ指标的三条曲线中，J线是波动最频繁的一条。当这条曲线跌破0值时，说明市场已经进入了超卖区间。

嘉澳环保（603822）在2017年2月27日KDJ指标的J线跌破了0值，2017

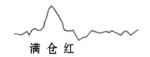
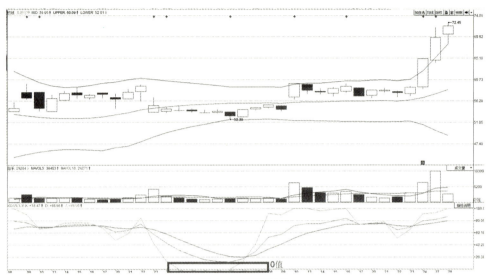 满仓红

年3月6日J线突破0值，股价开始反弹走高（如图3-5所示）。

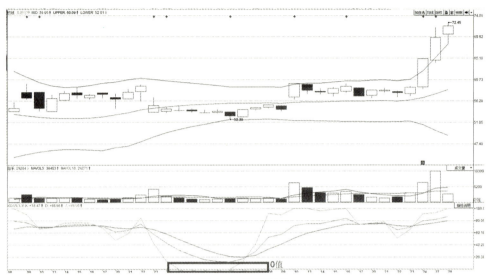

图3-5　嘉澳环保

3. 卖出形态：D线进入超买区间

当D线突破80时，就是行情进入超买区间的信号。

宁波富邦（600768）在2017年3月14日D线跌破80位置，股价开始见顶回落（如图3-6所示）。

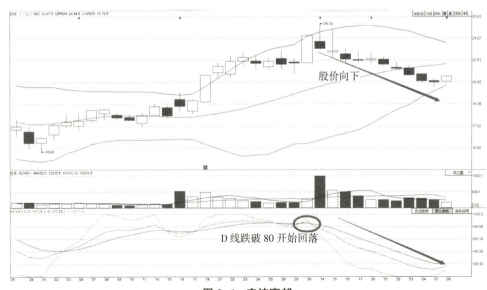

图3-6　宁波富邦

4. 卖出形态：J 线进入超买区间

当 KDJ 指标中的 J 线突破 100 时，就是进入了超买区间。

民盛金科（002647）在 2017 年 2 月底，开始一波快速上涨行情中，KDJ 指标中的 J 线在 3 日达到 100，之后几个交易日维持在 100 上方，于 7 日开始跌破 100，股价完成一波短线的上冲行情（如图 3-7 所示）。

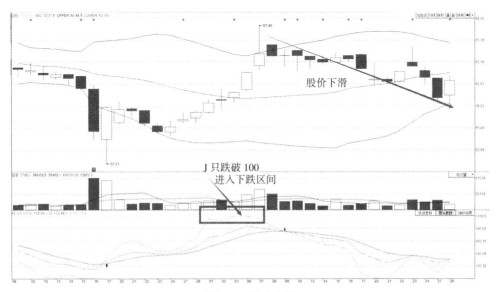

图 3-7　民盛金科

## 三、KDJ 指标通常用法

（1）指标>80 时，回挡概率大；指标<20 时，反弹概率大；

（2）K 在 20 左右向上交叉 D 时，视为买进信号；

（3）K 在 80 左右向下交叉 D 时，视为卖出信号；

（4）J>100 时，股价易反转下跌；J<0 时，股价易反转上涨；

（5）KDJ 波动于 50 左右的任何信号，其作用不大。

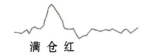

# 第三节　黄金交叉与死亡交叉

在一般的散户认知中，KDJ 就是金叉和死叉，认为金叉是买死叉是卖，但真的有那么简单吗？如果说一个指标那么简单就可以使用并且能达到预想的效果的话，那么股市中就不会有七亏二平一赢的说法了。很显然，在实际使用过程当中还有很多的讲究。

黄金交叉与死亡交叉，是 KDJ 指标最经典、最有效的技术分析方法。不过，当股价出现某种趋势或盘整走势，KDJ 指标中的曲线 K 与曲线 D 黏合在一起时，形成的交叉则不具有交易指导意义，也不在本节讨论范畴之内。

## 一、黄金交叉的原理及操作建议

通常情况下，大家习惯将曲线 K 自下而上穿越曲线 D 形成的交叉称为黄金交叉。也就是说，交叉之后，曲线 K 会逐步走高，股价也会逐步走高。但是不可否认，其中有大量的交叉并没有带来股价的上涨。因此质量较高的黄金交叉，才是交易者最需要关注的一种形态。

黄金交叉的条件：

第一，曲线 K 和曲线 J 同时自下而上穿越曲线 D，交叉点最好位于 20 线上方附近。这说明股价已经启动反弹或上涨，且短期内存在一定的反弹或上涨空间。

如图 3-8 所示，每当曲线 J 和曲线 K 上穿 D 线都能带来一阶段或多或少的股价上扬。

第二，若曲线 K 与曲线 D 在底部多次形成金叉，则可增强买入信号的准确性。

如图 3-9 所示，洛阳玻璃在底部多次显现反复金叉，反复金叉表示股价在筑底，一旦开启上涨模式将一副直上云霄之势，我们可以看到洛阳玻璃在底部 12 个交易日连续三次筑底，终于在 2015 年 9 月 22 日展开拉势，一个月时间股价拉升 120%。

第三，金叉出现时，股价 K 线应以阳线收盘，且成交量同步放大。

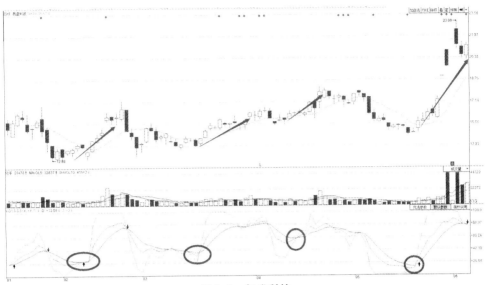

图 3-8　凯盛科技

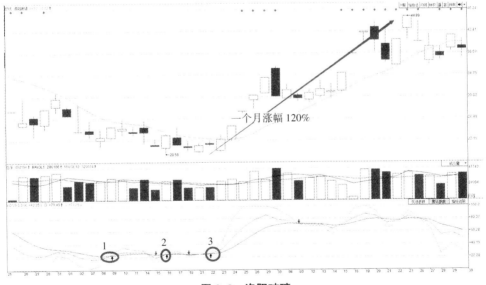

图 3-9　洛阳玻璃

第四，金叉出现时，若股价 K 线同步上穿某条重要均线或阻力位，则可增强买入信号的准确性。

如图 3-10 所示，特力 A 的 KDJ 指标逐步走低，曲线 K、曲线 D 先后进入 20 线下方的超卖区。

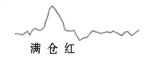
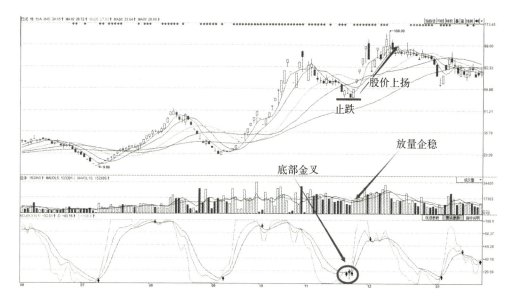

图 3-10　特力 A

## 二、黄金交叉研判的依据

（1）动能反转原理。按照动能反转原理，在股价上涨或下跌过程中，都是以动能作为支撑的。股价持续下跌时，动能必然持续增加。当动能达到极限，无法继续增加或出现衰减时，股价的下跌将很难持续，未来有上涨的可能。

（2）动态平衡原理。股价运行往往会围绕某一中心线波动。当股价上升过快时，就会向中心线回调靠拢；当股价下跌过快时，就会向上反弹靠拢中心线，且中心线也会根据股价的波动有所变化。整个股市就是处于这种动态平衡关系之中。当股价持续调整或下跌时，曲线 K 和曲线 D 就会持续下降，并远离中心线 50 线。当曲线 K 和曲线 D 下降到一定程度后，必然会向中心线 50 线靠拢，反弹或反转就会出现。拐头意味着反弹或反转可能会出现，而黄金交叉点则是对反转或反弹趋势成立的一个确认。

## 三、黄金交叉的操作建议

按照黄金交叉出现的位置不同，可以将其划分为低位金叉和高位金叉两种。前面讲述的有质量的黄金交叉，其实就是低位金叉中的一种特殊形态。

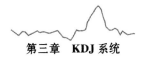

1. 低位金叉

通常情况下，低位金叉发出的买入信号要比高位金叉更可靠，其研判方法与前面讲述的黄金交叉相同。不过在具体操作时，还需要注意以下几点：

第一，股价 K 线与成交量的关系。即当股价自底部上升，且成交量放大时，入场交易成功率更高。

第二，交叉点最好位于 20 线上方附近，且黄金交叉形成后，曲线 K 和曲线 D 能够全部向上远离 20 线区域。

第三，交叉次数越多，成功率越高。

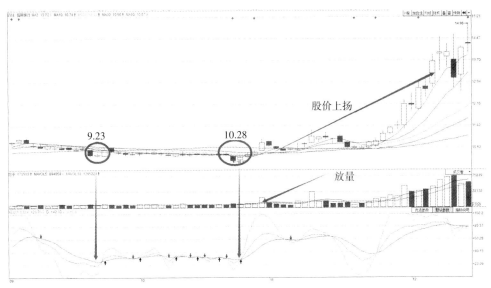

图 3-11　招商银行

如图 3-11 所示，2014 年 9 月 23 日，该股股价以放量上涨收盘，并在 K 线图上留下了一根大阳线。与此同时，曲线 K、曲线 J 自下而上穿越曲线 D，形成了底部黄金交叉。此交叉点位于 20 线上方的位置，说明此时出现的黄金交叉质量一般，交易者可以选择少量介入。

其后，该股股价出现横盘走势，KDJ 指标出现黏合状态。此时曲线 K 和曲线 D 多次形成黄金交叉，不过股价和成交量都未有明显的变化，交易者此时需要保持对该股的关注。

10 月 28 日，该股股价在前一交易日大幅下跌的基础上低开高走，收出一根

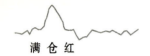
大阳线。与此同时，曲线 K 自下而上穿越曲线 D，又一次形成黄金交叉。在此交叉之前，曲线 K 与曲线 D 已经多次交叉，因而可以认定此次交叉的含金量较高，交易者可以加仓买入该股。

通常情况下，股价经过长时间下跌后自底部开始反弹，此时 KDJ 指标出现的第一个黄金交叉的可靠性，需要借助其他技术分析手段进行验证。当股价反弹数个交易日后回调再上涨时，KDJ 指标在底部形成的第二个黄金交叉买入指示作用更强。这有点儿类似波浪理论中"第一浪起点买入失败率较高，而第三浪买入的可靠性更强"的意思。

2. 高位金叉

通常情况下，高位金叉发出的买入信号相对较弱，不过这也需要结合具体情况进行分析。在下列情况下，KDJ 指标出现高位金叉时买入信号较强。

第一，股价处于上升趋势中。此时，若股价出现短暂回调，KDJ 指标势必跟随调整，并出现死叉。其后股价调整结束，重新上升，KDJ 指标就会在高位出现一个金叉。

第二，高位金叉出现前，股价调整时成交量表现为缩量态势，而 KDJ 指标再度出现金叉时，成交量却出现了放大态势（如图 3-12 所示）。

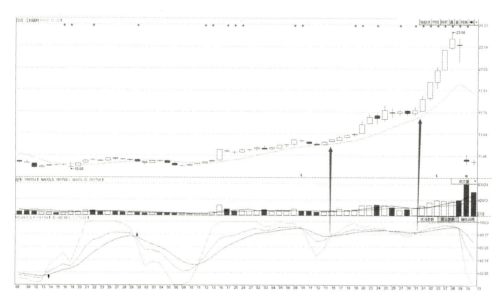

图 3-12　江粉磁材

# 第四节　解决 KDJ "钝化骗线" 问题

## 一、M 头或多重顶，股价由强势转弱

当 KDJ 曲线在 50 上方的高位时走出了 M 头或三重顶等顶部反转形态，或预示着股价将由强势转弱，股价或即将大跌，应及时减仓。

图 3-13　民盛金科

如果股价曲线也出现同样的形态则更可确定，跌幅可用 M 头或三重顶等形态理论来研判。

## 二、W 底部和三重底股价由弱势转强

当 KDJ 曲线在 50 下方的低位时走出了 W 底或三重底等底部反转形态，或预示着股价将由弱势转强，股价或即将反弹向上，可及时做多（如图 3-14 所示）。

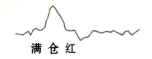

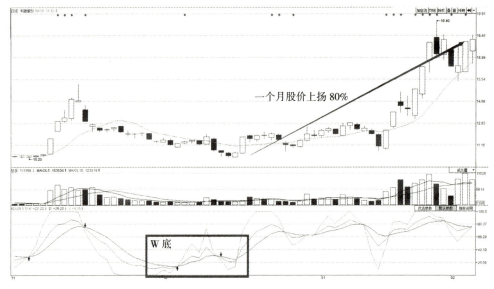

一个月股价上扬 80%

W 底

图 3-14　利君股份

　　如果股价曲线也出现同样的形态则更可确定，涨幅可用 W 底或三重底等形态理论来研判。

　　一般而言，KDJ 曲线的形态中 M 头和三重顶形态的准确性要大于 W 底和三重底。

### 三、曲线交叉情况的研判

　　（1）黄金交叉出现，股价将止跌回升或盘整上涨。一般而言，在一个完整的升势中，KDJ 指标中的 K、D、J 线会出现两次或两次以上的"黄金交叉"。

　　当价格经过很长一段时间的低位盘整，K、D、J 三线都处于 50 以下，一旦 J 线和 K 线几乎同时向上突破 D 线时，则是市场即将转强的信号，股价或将止跌回升。

　　（2）黄金交叉是上升过程中盘整后再次上涨的信号。

　　当股价经过一段时间的上升过程中的盘整行情，并且 K、D、J 三线都处于 50 线附近徘徊，一旦 J 线和 K 线几乎同时向上突破 D 线，表明市场处于一种强势当中，价格将再次上涨，可加码买进（如图 3-15、图 3-16 所示）。

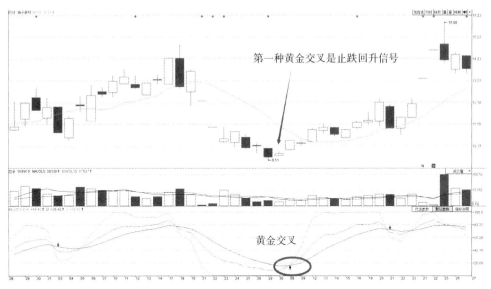

图 3-15　扬子新材

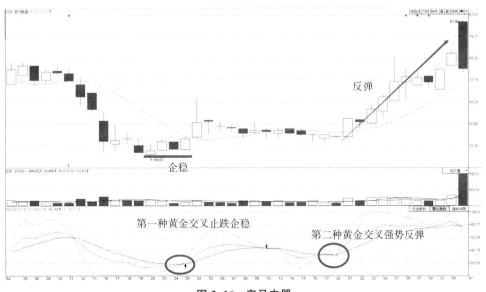

图 3-16　奥马电器

## 四、顶背离，预示行情看空

KDJ 曲线的背离指的是 KDJ 曲线图的走势方向和 K 线图的走势方向正好相反。KDJ 指标的背离有顶背离和底背离两种。

当价格在高位，KDJ 在 80 以上出现顶背离时，可以认为价格将反转向下，可及时卖出（如图 3-17 所示）。

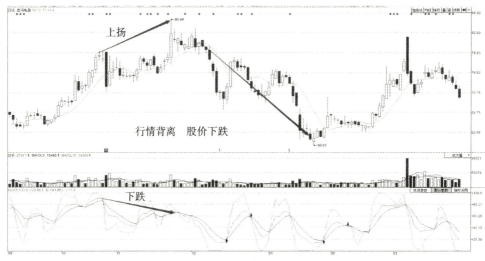

图 3-17　奥马电器

### 五、底背离，预示行情看涨

当价格在低位，KDJ 也在低位（50 以下）出现底背离时，预示行情看涨，但一般要出现几次底背离才能确认（如图 3-18 所示）。

图 3-18　国盛金控

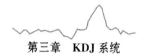

和其他技术指标的背离现象研判一样，KDJ 的背离中，顶背离的研判准确性要高于底背离。

## 六、KDJ 指标实际应用中的不足

KDJ 指标实战性很强，但并不是具有百分之百的准确性，且也不是一个完美的指标，有些学者认为 KDJ 不准是不知道如何规避一些指标的弊端，不知道如何用其他指标搭配去弥补该指标的功能性不足。首先我们来了解一下 KDJ 指标的不足之处。

（1）市场上把投资者按照资金量分为散户、大户、主力资金（也就是散户口中的庄家或者是主力）。一般对做大资金大波段的人来说，当月 KDJ 值在低位时逐步进场吸纳；日线 KDJ 是短线的操作方法，适合做短线，周线可做中线参考，月和季度 K 线就作为长线参考指标。我们所知道的股票类基金、社保基金等大型机构持股均以长线持有为主，很少有主力短线操作，在 2014~2015 年的私募一哥徐翔管理的泽熙私募号称做短线的操作手法也是持有数月到数年的时间，笔者也参与过狙击徐翔操作的"文峰股份"，4 天获利 35%（如图 3-19 所示）。

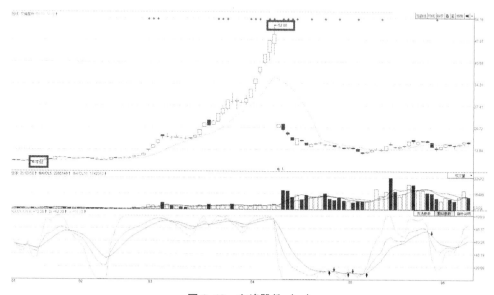

图 3-19　文峰股份（一）

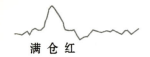
我们可以从历史走势上看到文峰股份从 9 元多涨到 52 元并不是一气呵成的，在操作过程当中也有"逢低吸纳—抬升—盘整—快速拉升—出货"的步骤。我们可以看到在吸纳的过程中，股价没有大幅度的上扬，而是平稳的走势。

我们把周期调整到月线级别可以看到，泽熙私募的建仓价应该是在月线 KDJ 底部金叉位置附近。经过 12 个月的运作达到 52 元，拉升幅度达到 570%（如图 3-20 所示）。

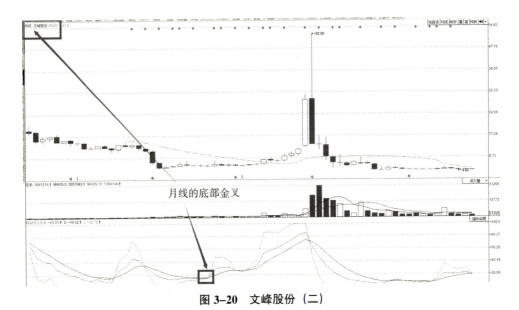

月线的底部金叉

图 3-20　文峰股份（二）

我们可以从筹码分布中得出在"第一次逢低吸纳"的过程中量是最大的，在"第二次加仓"的过程中量有所减小，"在抬升股价"的过程量不大但是持续性很强，在接近高点的时候虽有持续但是量能萎缩得很快（如图 3-21、图 3-22 所示）。

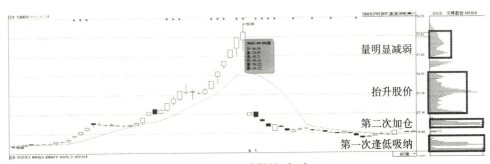

量明显减弱

抬升股价

第二次加仓

第一次逢低吸纳

图 3-21　文峰股份（三）

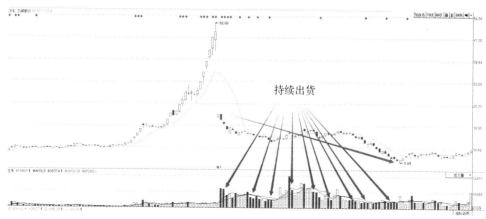

持续出货

图 3-22　文峰股份（四）

在 2014~2015 年填权行情比较少，所以笔者在 2015 年 4 月 9 日选择出货。

（2）主力平时运作时偏重周 KDJ 所处的位置，对中线波段的循环高低点作出研判结果，所以往往出现单边式，造成日 KDJ 的屡屡钝化现象。

（3）日 KDJ 对股价变化方向反应极为敏感，是日常买卖进出的重要方法；对于做小波段的短线客来说，30 分钟 KDJ 和 60 分钟 KDJ 又是重要的参考指标。

（4）对于已指定买卖计划即刻下单的投资者，5 分钟 KDJ 和 15 分钟 KDJ 可以提供最佳的进出时间。

综合来看，KDJ 指标具有以下几项难以克服的缺陷和自身局限性。

（1）"钝化"现象。日 KDJ 对股价变化方向反应极为敏感，是日常买卖进出的重要方法，但对于投机性太强的个股来说，KDJ 值容易高位钝化或低位钝化。股价短期波动剧烈或者瞬间行情幅度太大时，经常给出一些杂波信号，这些信号容易误导消费者做出失误的买入和卖出决策。

（2）"骗线"现象。KDJ 指标比 RSI 准确率高，且有明确的买、卖点出现，但 K、D 线交叉时须注意"骗线"出现，主要因为 KDJ 指标过于敏感且此指标群众基础较好，所以经常被主力操纵。

（3）对冷门股或小盘股的准确性较低。当 K 值和 D 值上升或下跌的速度减弱，倾斜度趋于平缓是短期转势的预警信号，这种情况对于大盘热门股的准确性较高，而对冷门股或小盘股的准确性较低。

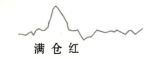
### 七、"钝化"、"骗线"问题的解决办法

（1）放大法。对于做小波段的短线客来说，如果 30 分钟图上 KDJ 是低位黄金交叉，为更进一步确认这个信号，我们可以把它放大 60 分钟上，如果 60 分钟图也是低位产生黄金交叉，那么我们几乎可以认为这个信号是可靠的。

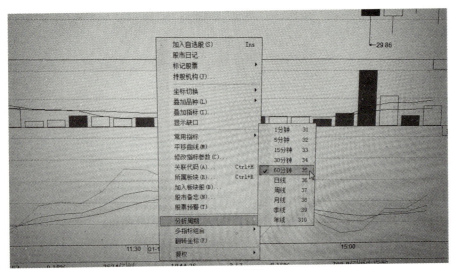

**图 3-23 判断**

（2）形态法。由于 KDJ 指标的敏感，它给出的指标经常超前，因此我们可以通过 KDJ 指标的形态来帮助找出正确的买点和卖点，如低位形成 W 底、三重底和头肩底形态时介入；高位形成 M 头和头肩顶时出货。

（3）数浪法。在 K 线图上，可以常常明晰地分辨上升形状的一浪、三浪、五浪。在 K 线图上，股价盘底完毕，开始上升，往往在上升第一子浪时，KDJ 目标即宣布出货信号，这时候，可以忽略这个卖出信号，由于它很可能是一个过错信号或是一个骗线信号。当股价运转到第三子浪时，要加大对卖出信号的注重程度，当股价运动到显著的第五子浪时，这时如 KDJ 目标给出卖出信号，我们要坚决出货。这时候 KDJ 目标给出的信号一般是十分精确的，当股价刚刚完毕上升开始跌落时，在跌落的第一子浪，忽略 KDJ 目标的买进信号，当股价跌落了第三子浪或第五子浪时，再思考 KDJ 目标的买入信号，尤其是跌落第五子浪后的 KDJ 目标给出的买进信号较精确。

（4）趋势线法。为防止 KDJ 指标低位钝化造成套牢后果，投资者可在 K 线图上加一条下降趋势线，在价格没有打破这条趋势线前，KDJ 发出的任何一次买入信号，都不考虑，只有当价格打破这条趋势线后，再开始考虑 KDJ 指标的买入信号。

# 第五节　KDJ "位阶" 理论

股票中的位阶是指上位阶（指周线）、中位阶（就是日线）、下位阶（就是 60 分钟）。可据此排列月、周、日，或日、60 分钟、30 分钟。下一个位阶走 3 次影响上一位阶周期 1 次。 长线以月、周、日均线交叉；中线以周、日、60 分钟均线交叉；短线以日、60 分钟、30 分钟均线交叉。KDJ 多头趋势战法长线以月、周、日均线交叉；中线以周、日、60 分钟均线交叉；短线以日、60 分钟、30 分钟均线交叉。

## 一、KDJ 三个位阶搭配操作策略

如果 KDJ 上位阶指周线，中位阶就是日线，下位阶就是 60 分钟。可据此排列月、周、日，或日、60 分钟、30 分钟。下一个位阶走 3 次影响上一位阶周期 1 次。

位阶不仅仅在 KDJ 中可用，任何指标都是这样。位阶理论的两条守则：一是小趋势要服从大趋势；二是大趋势影响小趋势。

笔者在做讲座的时候经常性碰到有投资者问同个问题，为什么 KDJ 有时候准确有时候不准确，其实这里碰到的问题不是 "滞后" 或者是 "钝化" 的问题，而是位阶的问题。KDJ 技术指标也分为短期和长期的，那么 KDJ 指标的长期与短期分别怎么表示？

月 KDJ 为长期时，周 KDJ 为短期，适合长线波段投资者；

周 KDJ 为长期时，日 KDJ 为短期，适合中线波段投资者；

日 KDJ 为长期时，60 分钟 KDJ 为短期，适合短线波段投资者。

当 30 分钟为长期时，5 分钟为短期，适合外汇期货等短线快速交易，同时

也能用在股市高抛低吸和股市 T+0 之中寻找日内或者短时间内寻找精准买卖点。

## 二、KDJ 技术指标在多头趋势中的意义

（1）当指数在上涨初期时，长期 KDJ 在 20 附近超卖区金叉转多，短期 KDJ 进入 50 以上多方区，则短期 KDJ 可能进入 80 高档区以上高位钝化或者拉回 50 附近进行修正再上。

（2）当指数在上涨中期时，长期 KDJ 向上突破 50 进入多方力量区域，短期 KDJ 则上下来回循环持续数次。

（3）当指数在上涨末期时，长期 KDJ 进入 80 超买区之后，短期 KDJ 可能在 80 超买区由钝化转为向下死叉翻空，向下的力量可能带着长期 KDJ 死叉向下。

## 三、KDJ 技术指标在空头趋势中的意义

当指数在下跌初期时，长期 KDJ 在 80 附近超买区开始死叉转空，短期 KDJ 跌至 50 以下空方区，则短期 KDJ 则可能进入 20 以下低档钝化或者拉回 50 附近进行修正再下。

当指数在下跌中期时，长期 KDJ 向下跌破 50 进入空方力量区域，短期 KDJ 则上下来回循环持续数次。

当指数在下跌末期时，长期 KDJ 进入 20 超卖区之后，短期 KDJ 可能在 20 超卖区由钝化转为向上金叉翻多，向上的力量可能带着长期 KDJ 金叉向上。

可与表 3-1 进行对照。

表 3-1    KDJ 位阶参照表

| 上位阶 | 中位阶 | 下位阶 | 操作建议 |
|---|---|---|---|
| 上位阶 K<D，主轴在空 | 中位阶 K>D，次阶段在多 | 下位阶 K>D，末阶段在多 | 多空分界，空手观望 |
| 上位阶 K<D，主轴在空 | 中位阶 K>D，次阶段在多 | 下位阶 K>D，末阶段在多 | 多空分界，空手观望 |
| 上位阶 K>D，主轴在多 | 中位阶 K<D，次阶段在空 | 下位阶 K<D，末阶段在空 | 多空分界，空手观望 |
| 上位阶 K>D，主轴在多 | 中位阶 K>D，次阶段在多 | 下位阶 K>D，末阶段在多 | 强者恒强，全力买入 |
| 上位阶 K<D，主轴在空 | 中位阶 K<D，次阶段在空 | 下位阶 K<D，末阶段在空 | 强势空头，全力卖出 |
| 上位阶 K>D，主轴在多 | 中位阶 K>D，次阶段在多 | 下位阶 K<D，末阶段在空 | 涨多修正，压回买入 |
| 上位阶 K<D，主轴在空 | 中位阶 K<D，次阶段在空 | 下位阶 K>D，末阶段在多 | 跌深修正，反弹卖出 |
| 上位阶 K>D，主轴在多 | 中位阶 K<D，次阶段在空 | 下位阶 K>D，末阶段在多 | 整理格局，高出低进 |
| 上位阶 K<D，主轴在空 | 中位阶 K>D，次阶段在多 | 下位阶 K<D，末阶段在空 | 虚火上升，继续卖出 |

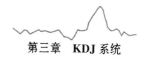

如表 3-1 中的上位阶 K<D，主轴在空，中位阶 K>D，次阶段在多，下位阶 K>D，末阶段很多人不理解。下面就用图片的方式给大家讲解一下，如图 3-24 所示。

在图 3-24 中我们可以看到 60 分钟线为空，30 分钟线为多，15 分钟线为多，则可以对照表格得出"多空分界，空手观望"的结论。

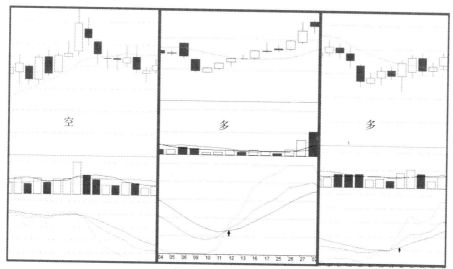

图 3-24　上中下位阶

# 第六节　KDJ 指标持币与持股信号

KDJ 指标不仅能发出买入与卖出信号，还可以发出各类持币与持股信号。当 KDJ 指标发出持股信号时，交易者坚定持有该股即可。KDJ 指标发出持币信号时，交易者最好不要进场，以免资金遇到危险。

## 一、持股信号：曲线 D 上扬不回头

第一，KDJ 指标同步向右上方倾斜，说明股价处于上涨趋势中。

第二，曲线 K 和曲线 J 在运行过程中只要不跌破曲线 D，曲线 D 又未出现走

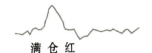

平或拐头迹象，交易者就可以继续持股。

第三，在股价上涨过程中，若遇回调仍未跌破某条短期均线更佳。

2015 年 9 月 9 日，曲线 K 和曲线 J 自下而上穿越曲线 D，形成了底部黄金交叉，这说明之后股价将出现一波上涨行情。此后曲线 K、曲线 D 和曲线 J 呈多头排列，这属于典型的持股待涨信号。

股价在上涨过程中出现了若干次回调，但始终没有效跌破 10 日均线。曲线 K 和曲线 J 也随之数次回调，但这两条曲线下跌至曲线 D 附近时，均因受到曲线 D 的支撑再度上扬。曲线 D 则一直处于上升趋势中，并未有拐头迹象，因此交易者可以耐心持股待涨。

2015 年 10 月 14 日，该股股价大幅下跌。与此同时，曲线 K 和曲线 J 自上而下跌破曲线 D，形成高位死叉。之后三条曲线很快又跌破了 80 线，这属于典型的趋势反转信号，交易者此时可以卖出手中持有的股票（如图 3-25 所示）。

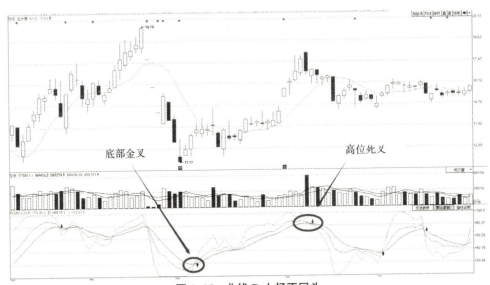

图 3-25　曲线 D 上扬不回头

## 二、持股信号：80 线是一个硬指标

80 线是徘徊区与超买区的分界线。通常认为，KDJ 指标进入超买区，股价有可能出现下跌。但是 KDJ 指标进入这个危险区时，股价往往会同步出现一波快速拉升行情。

第一，KDJ指标同步向右上方倾斜，曲线K、曲线D同步进入80线以上区域。

第二，股价震荡上涨过程中，KDJ指标的三条曲线一直位于80线以下区域，期间虽出现数次交叉，但交叉点从未跌破80线。

第三，在股价上涨过程中，若遇回调仍未跌破某条短期均线更佳（如图3-26所示）。

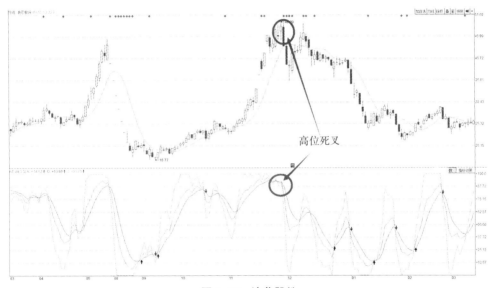

图3-26　浪莎股份

该股股价上行过程中虽然偶有回调动作，但均未跌破5日均线。与此同时，KDJ指标也出现了若干次高位交叉，但这些交叉点全部位于80线以上区域，足见多方实力的强大。

2015年11月30日，该股股价收出一根大阴线，且该阴线跌破了5日均线。与此同时，曲线K自上而下跌破了曲线D，形成高位死叉，且三条曲线全部跌破了80线。这说明该股股价运行趋势有可能出现反转，交易者宜卖出该股。

### 三、持币信号：50线决定是否进场

50线是多空力量强弱的重要分界线。KDJ指标运行于50线上方，表明多方呈强势；KDJ指标运行于50线下方，则表明空方呈强势。

第一，KDJ指标自高位向下跌破了50线。

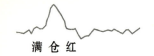

第二，股价震荡过程中，KDJ指标的三条曲线一直位于50线以下区域，期间虽然出现数次上涨，但均未突破50线区域。这说明市场呈弱势格局，交易者宜持币观望。

第三，在股价震荡过程中，若始终被某条重要的均线压制，则可增强本信号的准确性（如图3-27所示）。

**图3-27　长春一东**

该股股价震荡筑底过程中虽然偶有反弹动作，但均未向上突破10日均线。与此同时，KDJ指标也出现了若干次低位金叉。但这些交叉点全部位于50线以下区域，足见空方实力强大。

2015年9月25日，该股股价收出一根光头阳线，且该阳线向上突破了10日均线。与此同时，KDJ三条曲线全部向上突破了50线，这说明该股股价运行趋势有可能出现反转，交易者宜跟进买入该股。

## 四、持币信号：20线下不交易

20线是徘徊区与超卖区的分界线。通常认为，KDJ指标进入超卖区，有可能会出现反弹。但是KDJ指标进入这个危险区时，股价往往会同步出现一波快速杀跌行情。

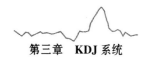

该信号的具体判断方法包括如下几项。

第一，KDJ 指标同步向右下方倾斜，曲线 K、曲线 D 同步进入 20 线以下区域。

第二，股价震荡下跌过程中，KDJ 指标的三条曲线一直位于 20 线以下区域。期间虽出现数次交叉，但交叉点从未向上突破 20 线，这表明股价走势极度弱势。

第三，在股价下跌过程中，若均线呈空头排列，且股价未能有效突破均线，则该信号强度更大（如图 3-28 所示）。

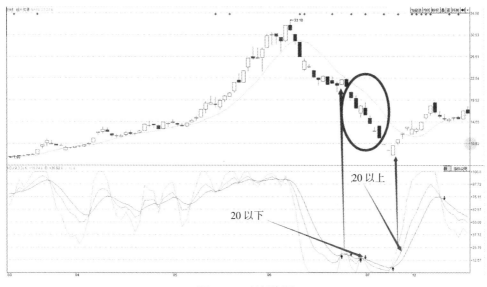

图 3-28　创新资源

该股股价在下跌过程中虽然偶有反弹动作，但均未向上突破 10 日均线。与此同时，KDJ 指标也出现了若干次低位交叉，但这些交叉点全部位于 20 线以下区域，足见空方实力强大。

2015 年 7 月 13 日，该股股价收出一根光头阳线。之前曲线 K 自下而上突破了曲线 D，形成低位金叉。此时三条曲线全部向上突破了 20 线，这说明该股股价运行趋势有可能出现反转。激进型交易者此时可以少量买入该股，保守型投资者需要等到 KDJ 指标返回 50 线上方时再买入该股。

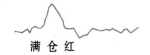

# 第七节　KDJ 致命的误区

笔者想看到这里，有很多人懵了，尤其是新入市的股市小白们，为什么这么说呢？在我们传统的认知中，金叉是买点，死叉是卖点，但事实上是不是这样呢？其实不是，金叉也可能是卖点而死叉也可能是买点，不要质疑。之前我们说过，所有的指标不可能是单独存在的，任何指标本身都存在缺陷，需要有另外一种指标或者是技术弥补其本身不足。这一章节中我们讲 KDJ 指标和 MA 均线指标的搭配使用。MA 均线大家都知道，小的有 5 分钟、15 分钟、30 分钟、60 分钟，中期的有 5 日均线、10 日均线、20 日均线等，大的由月线、季度线和年度线组成，其中每一根均线都有它们自己的名字，比如 5 日均线叫攻击线，20 日均线叫万能线，120 日均线叫趋势线等（详细内容会在后文中专门讲解），今天主要讲的是 20 日万能线和 KDJ 的搭配使用。

## KD 指标的黄金搭档 20 日均线

20 日均线是最常用到的均线，既能做短线又能做中长线，被称之为"万能均线"。KD 指标搭配 20 日均线的使用才能做到精准买卖。

1. 金叉不是买点

首先我们看一个案例。

从图 3-29 我们可以看到每一个金叉之后虽然有上扬的迹象，但并没有带来大幅度的涨幅，此时的 20 日均线就像是一根高压线一样一直上穿不上，并且一旦触碰就会被打回到下跌趋势中，犹如人碰到高压线一般趋势转变非常之快，很多时候的涨幅都很短，还有很多时候的涨幅甚至不能达到第二个交易日。每一个金叉都会有反抽，但很明确，这并不是给我们做短线的机会，而是给被套的人一个被套出局的机会，也就是说，这里的金叉是一个逢高出货的卖点。如果你在当中进行了买卖，同时又不加以及时止损的话，那么将损失惨重。

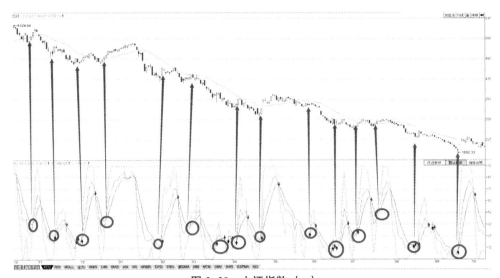

图 3-29　上证指数（一）

总结一下，我们知道在 20 日均线压制下的 KDJ 金叉是一个逢高出货的卖点，在没有突破 20 日均线之上的时候千万不要去抄底建仓。

2. 死叉不是卖点

经过上一轮金叉不是买点的学习，这一个知识点就很容易理解了，我们直接看一个案例。

从图 3-30 我们可以看到每一个死叉之后虽然有回调的迹象，但并没有多大的跌幅，并且很快就补涨回来，在每一次死叉的时候都会有一个小阴 K 线或者短暂的下跌，但持续时间非常之短，有的时候甚至不能延伸到下一个交易日。

如果我们在死叉的时候出货，将失去再次介入的机会。主要参考指标是在 20 日均线之上的行情，此时的 20 日均线相当于一个支撑板，回踩再起跳，再回踩再起跳股价一路盘升，与之前所阐述的"高压线"是一样的。所以，我们要知道死叉并不是卖点，它是一个低位建仓/补仓的买点。如果你在当中进行了抛售，同时又不加以及时回收的话，那么将错失上涨所带来的利润。

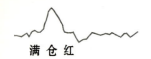
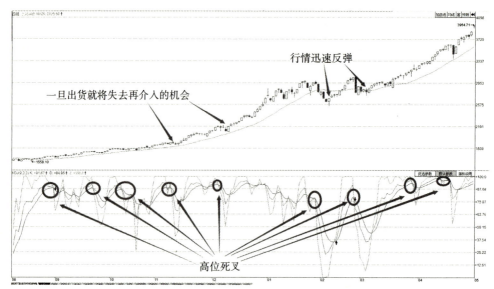

**图 3–30 上证指数（二）**

# 第四章　均线系统

## 第一节　5 日均线讲解

对于现在的股市来说，有一个简单又实用的指标，那就是均线指标。均线是在一定的交易时间内市场成本的平均值，由于均线可以反映真实股票价格的变动趋势，可能大部分股友都很熟悉，但往往很多时候遗忘了它的重要性。

### 一、均线的作用

（1）均线系统研究的是多条移动平均线共同构成的一个均线组系统，运用股价与各条均线的关系及均线组中各条均线间相互作用关系，来确立一系列实用的操作规则。

（2）不同参数的均线反映了不同时间周期内参与买入股票的投资者的平均成本。

### 二、均线的特点

（1）趋势跟随性，均线走向总是追踪着股价运行的趋势方向。

（2）时滞性，由于均线由股价移动平均而来，所以总是具有滞后性。

（3）助涨助跌的特性。均线对于股价的运行起到一定的支撑和压力作用（如图 4-1 所示）。

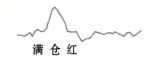

图 4-1　宁波建工

## 三、5 日均线的实战应用

### 1. 5 日均线趋势的含义

攻击线即是 5 日均线。其主要作用是推动价格在短期内形成攻击态势，不断引导价格上涨或下跌。如果攻击线上涨角度陡峭有力（没有弯曲疲软的状态），则说明价格短线爆发力强；反之，则弱。同样，在价格进入下跌阶段时，攻击线也是重要的杀跌武器，如果向下角度陡峭，则杀跌力度极强（如图 4-2 所示）。

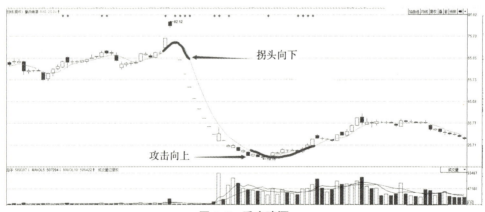

图 4-2　重庆啤酒

### 2. 5 日线买卖

（1）收盘价为准，收盘价站上就是有效站上。

（2）大盘下了 5 日线就可以不做短线，大盘上了 5 日线你就要准备狩猎了。

（3）当股价第一次收盘价站上 5 日线（股价连续下跌了几天后第一次站上 5 日线的当然获利最多），这就预示会有买点出现，第二天、第三天 5 日线附近都

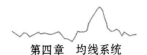

可以买（5 日线附近不等于 5 日线的价格，MA3~MA5 都可以，要灵活），具体哪一天回踩到 5 日线附近你就按这个买点买，只要主力洗盘你就能捡到便宜的筹码，买入后每天只要收盘前几分钟看看你的股票，在 5 日线上就持有，否则就全仓卖出。

## 四、5 日线做短线操作案例

陕国投 A（000563），2011 年 7 月 22 日收盘，从 K 线上看，仍有可能行成空中加油，而 7 月 25 日的阴线，跌破了 5 日线，然后就是一路下行。2011 年 8 月 23 日股价重返 5 日线，以后的震荡上行，有能量依托，更重要的是在 5 日线上方，才保持了一个上升趋势（如图 4-3 所示）。

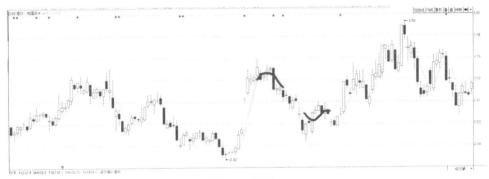

图 4-3　陕国投 A

中国长城（000066）2011 年 4 月 19 日收出高位上影线，4 月 20 日股价跌破 5 日线，从此之后，该股保持在 5 日线下方运行，股价从 9.98 元跌至 5.51 元，运行的是一个典型的下降通道（如图 4-4 所示）。

如果说 5 日线上方做多，那么 5 日线下方就是看空，或止损须果断；如果说保持在 5 日线上方运行的是强势股，那么，沿着 5 日下方运行的就是弱势股。趋势就是如此，不服不行。

宁可追涨强势股，不去介入弱势股。这两句话对于股票操作来说，尤其是短线操作，实在太重要了。5 日线上方做多，5 日线下方做空，该进就进，该出就出，不要想那么多。

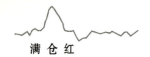

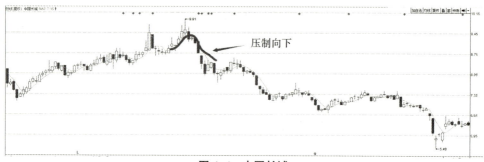

图 4-4 中国长城

龙力生物（002604）2016 年 11 月 3 日股价离开 5 日均线过远或高于 5 日均线太多，则属于短线卖出时机（如图 4-5 所示）。

图 4-5 龙力生物

投资者叮以考虑卖出，但也要视个股强弱等因素区别对待。一股价高于 5 日均线 7%~15%，则适宜卖出。

图 4-6 为飞亚达 A（000026）日 K 线走势图，若股价回落且未跌破 5 日均线

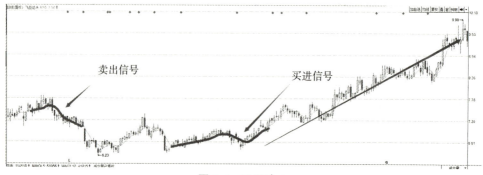

图 4-6 飞亚达 A

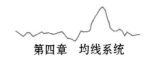

的话，当市场再次启动时，则适宜买入。通常情况下，慢牛股在上升途中，大部分时间往往不破 5 日均线或者 10 日均线（如图 4-6 所示）。

只要不破均线，投资者就可结合大势及个股基本面的情况，继续持仓。若是熊市，价回升且未向上突破 5 日均线的话，当市场再次出现较大抛单、展开下跌时，则宜卖出。

图 4-7 为龙元建设（600491）的日 K 线走势图，若股价不跌穿 5 日线，则继续持股待涨。

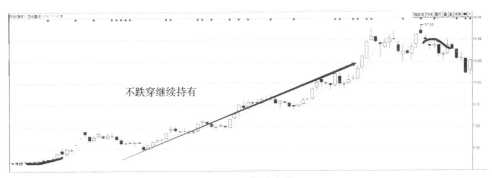

图 4-7　龙元建设

# 第二节　10 日均线法

10 日均线是指收盘价在 10 日平均线上才可以考虑买入股票。收盘价在 10 日平均线下必须卖出股票。

请注意，没说在 10 日均线上买入必赚。其实这只是前提条件之一。另一个隐含的条件是该股须有较大的上升空间。在笔者看来，至少有 20% 的获利空间才行。但有无上升空间恐怕是最难回答的问题。涉及的因素很多，比如：大势如何（牛市、熊市、调整市），有无题材，庄家实力，距离 10 日均线、历史套牢位的距离……且在不同的阶段，各种因素的影响比重是不同的，这里难以一一赘述。

为什么要定义"10 日均线"为操盘线呢？两个最重要的因素：

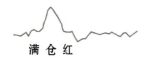

第一，绝大部分主力在行情最终启动之后，均以 10 日均线为短中线行情的延续与支撑，同时，他们也积极研究统计最近 10 日的市场交易情况，以备为接下来的持续操盘计划作出决策。

第二，统计历史上所有波段行情的股票，其行情的延续与终结均以 10 日均线为最终依据。

10 日均线（操盘线）的作用，其走势有向上、走平、下跌三种，操盘线是波段行情的重要指标，个股的操盘线一旦变得陡峭有力，临盘决策时应该果断跟进，下跌途中如果操盘线角度太大一定要有所畏惧，及时规避风险。

10 日均线的运用，有两个最重要的技巧：

第一，股价上涨在远离操盘线后，必然会向操盘线回归，因此，操盘线将构成强大支撑，这个支撑位置就是一个买进机会。

第二，股价上涨过程中，如果某天的收盘价击穿 10 日线，并在次日无法以收盘价修复 10 日线，则意味着行情的终结，这说明主力已经放弃该行情的操作。

## 一、10 日均线买股必需条件

第一，股价必须站在 10 日均线上，K 线跳到 10 日均线之上为上品，代表着短线走强（这是很重要的一点，任何基于 10 日均线的操作，股价必须是站上 10 日均线）（如图 4-8 所示）。

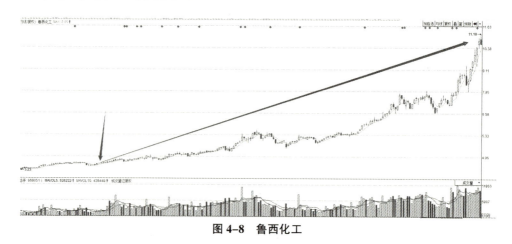

图 4-8 鲁西化工

第二，10 日均线角度大于 30°角（均线的角度代表着攻击力度，角度越大，表示个股的攻击力度越强悍，牛股一般是以大于 30°角向上涨的，所以 10 日均

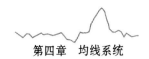

线结合牛股操作成功率极高，在目前各大选手的运用中，成功率是100%）（如图4-9所示）。

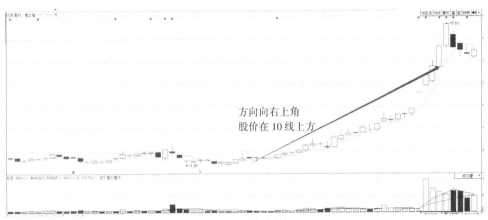

图4-9　煌上煌

第三，10日均线方向朝上即当股价在10日均线之上运行时，就认为股价的趋势向上，股价还会上涨，因此，10日均线是指导分析、判断趋势的实际操作时的一个非常重要的客观标准（如图4-10所示）。

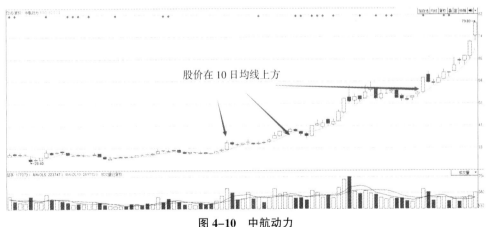

图4-10　中航动力

上述技巧只是抛砖引玉，所谓大道至简，最精深的技巧通常蕴含在最简单的哲理之中。

特变电工（600089）股价于2013年4月19日突破10日均线，说明股价短期已经进入上涨行情，是看涨买入股票。在后来的几日，股票回调到10日均线

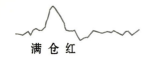
附近，这次回调是对之前突破形态的确认，可能继续加仓买入，后市股价迎来了一波上涨行情（如图 4-11 所示）。

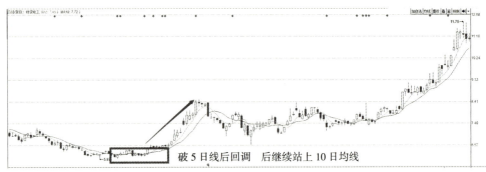

破 5 日线后回调　后继续站上 10 日均线

图 4-11　特变电工

## 二、分析与操作要领

第一，10 日均线是多空双方力量强弱或强弱市场的分界线。

第二，股价站上 10 日均线再买入。

第三，股价向上突破 10 日均线应有量的配合。

（1）势：10 日均线是多空双方力量强弱或强弱市场的分界线。当多方力量强于空方力量时，市场属于强势，股价就在 10 日均线之上运行，说明有更多的人愿意以高于近 10 日平均成本的价格买进股票，股价自然会上涨；相反，当空方力量强于多方力量时，市场属于弱势，股价就在 10 日均线之下运行，表明有更多的人愿意以低于近 10 日平均成本的价格卖出股票，股价自然会下跌。

（2）价：股价站上 10 日均线再买入，虽然离底部或与最低价相差一定价位，但此时上升趋势已明确，涨势刚刚开始，仍是买入的良机。

（3）量：股价向上突破 10 日均线应有量的配合，否则可能仅仅是下跌中途的反弹，很快又会跌回 10 日均线之下。此时就应止损出局再行观望，特别在 10 日均线下降走平再上行而后又归下行时，更应止损，说明跌势尚未结束。

（4）股价站上 10 日均线才买进股票，最大的优点是在上升行情的初期即可跟进而不会踏空，即使被套也有 10 日均线作为明确的止损点，损失也不会太大。

（5）10 日均线特别适用于追踪强势个股的波段操作和对大盘趋势的分析，即当股价站上 10 日均线时就坚决买入，当大盘指数站上 10 日均线时就看多、看涨，成功的概率较高。但是，在上升行情中，对于走势弱于大盘而没有庄家照顾的有些个股，时而跌破 10 日均线，时而站上 10 日均线形成震荡走高的态势，较难以成功运用 10 日均线。

（6）在持续较长时间的下跌趋势中，股价在下跌的中途产生反弹时站上了 10 日均线但又很快跌破 10 日均线继续下跌，待第二次甚至第三次股价站上 10 日均线才真正上涨，这种情况经常出现。因此，在下跌趋势末期，当股价第二次或第三次站上 10 日均线时往往才是最佳的买入时机。

### 三、10 日均线法与鱼身理论

即在股价底价区，情况不太明朗，风险较大。属于鱼头，不好啃。还是避避为好。直到发现股票进入明确的上升阶段后，风险较小，赢面较大时（鱼身）才买入。在股价上升的后段，虽然仍可能有上升空间，但风险已较大，就像鱼尾，也不宜介入。许多人都知道此道理，都要吃鱼身。这正是著名的鱼身理论的精华（如图 4-12 所示）。

图 4-12 龙元建设

### 四、10 日均线法与长短线投资

10 日均线法的一个言外之意是不主张炒短线：一是牛市涨升过程中的正常回挡；二是熊市下跌过程中的反弹；三是多空平衡阶段的调整震荡行情。

做短差大致有三种情形：一是牛市涨升过程中的正常回挡——因为牛市中的涨升有时会猛烈得出人意料。超买再超买的情况屡见不鲜。即使你出对了，何时把货捡回来也成问题。因为调整力度每次不可能相同，较难把握。二是熊市下跌过程中的反弹。也就是当指标超卖时买入，反弹以后再卖出。这种情况也类似于上一种。即使反弹起来，差价也有限。逆市操作风险大，犹如刀口舔血。了结不

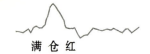

果断的话，仅有的一点赢利便会化为乌有甚至被套，损失惨重。三是多空平衡阶段的调整震荡行情。逢高出货，逢低吸纳。但一旦多空分出胜负，形成突破，其结果不是踩空便是套牢。10 日均线法的处理是，在此区域股价跌破 10 日均线后，先卖掉出来再说，静观其变。如果最后是向下突破，当然你可以庆幸逃过此劫。如果确认向上突破，你仍然可以再度追上，损失的不过是一点小差价。

许多人都知道顺势而为的理论。它强调做股票不能太主观，要顺从大势的方向。而十日均线法正是体现顺势而为的精神。当股价在 10 日均线下时，可以认为大市是向下的，不能买，还要卖。当股价在 10 日均线上时，可以认为大市是向上的，可以买。

# 第三节　30 日均线买卖股票的技巧

## 一、30 日均线的定义

生命线即指 30 日均线。生命线的主要作用是指明价格的中期运行趋势。在一个中期波段性上涨趋势中，生命线有极强的支撑和阻力作用。

生命线是一轮大波段上涨或下跌行情的生命基础。30 日均线是大盘的中期生命线，每当一轮中期下跌结束指数向上突破 30 日均线，往往会有一轮中期上升。30 日均线是判断个股有主力无主力、主力出没出货以及其走势强弱的标准。30 日均线有着非常强的趋势性，无论其上升趋势还是下跌趋势一旦形成均很难改变。

## 二、学会看 K 线图

看 K 线图，切入点就是它的 30 日均线方向。30 日均线是庄家操盘战略战术动作展开的生命线。我们要把 30 日均线对股票的运动规律极其重要性铭刻在心，只要 30 日均线的运行方向朝上，买入的股票就是安全的；同时 30 周均线也朝上就应坚决持股。千万不要被庄家短线展开的凶狠洗盘恐吓动作所吓倒。只要 30 日均线的运行方向朝下，那样的股票就是绝对不能碰的（30 日均线向下弯的股票必须坚决无条件卖出）；只要 30 日均线由朝上转向走平，一旦 5 日均线下弯，

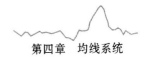

就要立即出货。

### 三、认识股价循环运动规律

股票的股价循环运动分为四阶段：盘底——上涨——做头——下跌。

1. 第一阶段：盘底阶段特征及操作

成交量极度萎缩，30日均线由朝下变成走平；5日、10日、30日均线黏合。

2. 第二阶段：上涨阶段特征及操作

（1）上涨初期：30日均线刚上扬，周KDJ指标刚低位金叉向上。此时要坚决、果断、大胆、毫不犹豫地追涨跟进。

（2）只要30日均线的方向持续向上运动，没有走平，股票的走势就是健康和安全的。

（3）上涨末期：庄家边拉高边出货，此时5日均线的角度发生变换，攻击力枯竭且成交量较大。此时就应设止损位，一旦盘中下跌触及止损位，坚决离场绝不留恋。

3. 第三阶段：做头阶段特征及操作

（1）初期：30日均线开始由向上变为走平，周KDJ高位横盘或J值已经触顶朝下。说明向上攻击能力开始消失。此时绝对不能买入。要做的第一件事就是要考虑出货动作，而绝对没有其他选择。

（2）中期：30日均线持续走平，成交量不见规则性萎缩，即使偶有放大也未能带动30日均线同步重新朝上，出现假突破。此时应根据5日均线的信号（向下弯）坚决出局。

（3）末期：均线死叉，周KDJ指标高位死叉。必须逃命，卖出股票。

4. 第四阶段：下跌阶段的特征和操作

（1）30日均线转为朝下，股票在走下降通道，说明庄家彻底而坚决的出货动作已经开始。绝对不能买入。

（2）下降过程偶有反弹，也是庄家为了全部出货故意制造市场跟风买入气氛的二次拉高出货的恶毒花招。轻易绝不抢反弹。

### 四、30日均线操作指引

股价的大涨和上升的产生都是在股价向上突破30日均线开始的，黑马股的

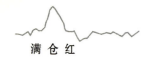

产生往往站上 30 日均线后起跑。股价向上突破 30 日均线时必须要有成交量放大的配合。有时股价向上突破 30 日均线后又回抽确认，但收盘时股价不应在 30 日均线之下，且成交量必须较突破时显著萎缩，此时是最佳买入时机。无论是在突破当日买入还是回抽时买入，万一不涨反跌，而股价重新跌破 30 日均线，特别是股价创新低继续下跌时，应止损出局。因为，前期的上涨很可能是下跌中途的一次中级反弹，真正的跌势尚未结束。

浦东金桥（600639）2014 年 7 月 28 日 30 日均线是主力的护盘线。当股价向上突破 30 日均线时，一般有主力入场，一旦进入上升，只要股价回调不破 30 日均线就说明主力尚未出局，上升并未结束，主力往往会在股价下跌时守护 30 日均线（如图 4-13 所示）。

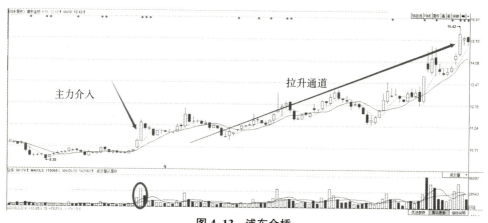

图 4-13　浦东金桥

强生控股（600639）2014 年 7 月 28 日股价由上升时的高点回落至 30 日均线的时间至少应在 1 周以上，有的是横向整理而股价并不出现大幅回落而是等待 30 日均线上行靠近股价，有的是股价出现大幅回落主动接近 30 日均线。因此，对买入时机的把握应有耐心并关注 30 日均线的支撑（如图 4-14 所示）。

在股价回落至 30 日均线附近买入后，如股价不涨反跌，有效向下跌破 30 日均线特别是放量破位时，应坚决止损离场，哪怕等待股价重回 30 日均线之上时再买入。

股价在回调至 30 日均线的过程中，成交量应明显地萎缩，而上升时成交量应放大。

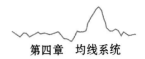

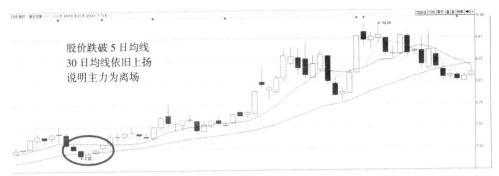

图 4-14　强生控股

## 五、30 日均线买进卖出指导

当股价与 30 日均线顺势同步向下时，坚决不买。当股价经过一段时间的下跌或调整后，跌势趋缓，等到 30 日均线走平，开始关注。一旦股价带量上涨突破 30 日均线并回抽确认或 30 日均线开始上翘，就是技术上的买点。当股价站上 30 日均线，并同 30 日均线顺势向上，继续持有。经过一段时间的上涨，涨势末期，30 日均线开始走平，此时若股价跌破 30 日均线回抽站不上 30 日均线或 30 日均线拐头向下时，便是卖点（如图 4-15 所示）。

图 4-15　青松股份

注意事项：

（1）30 日均线是中长线投资者的保护神和回避风险的有力武器。对于短线投资者来说，30 日均线是选择强势股的标准。当然，投资者也可根据自己的习惯和需要，将 30 日线变通为 20 日、25 日、35 日或 40 日等，但不管用哪一条中期均线，都应坚持不懈地长期运用，切忌来回换。

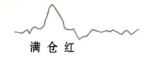

（2）上升趋势中股价回挡不破 30 日均线是较佳买入时机。股价回落并相继跌破 5 日和 10 日均线，但却在 30 日均线附近获得支撑且成交量明显萎缩，30 日均线仍上行，说明是中期的强势调整，主力并未出局，上升远未结束，常常是新的上升浪的开始。

（3）上升趋势中股价跌破 30 日均线后很快又重回 30 日均线上方是新的买入时机，这对于始终跟踪一只股票做波段操作的投资者来说是相当重要的。

1. 短线买入时机

30 日乖离率过大是中短线买入时机，股价在 30 日均线之上运行的股票属于强势股，在 30 日均线之下运行的股票是弱势股。强势股是由弱势股转变而来的，弱势股也是由于前期涨幅过大而下跌所形成的。因此，在下跌趋势中，股价在 30 日均线的反压下持续下跌。远离 30 日均线致使 30 日负乖离率过大时，必然会产生中级反弹而向 30 日均线靠近。一般来说，阴跌之后再急跌或暴跌，30 日均线负乖离率达 20% 左右特别是 25% 以上时，是较佳的中短线买入时机（如图 4-16 所示）。

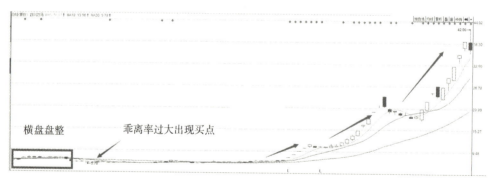

图 4-16　四川双马

2. 中期买入时机

股价向上突破 5 日、10 日、30 日 3 条均线是最佳买入时机，在中期下跌趋势中，5 日、10 日、30 日均线自下而上顺序一般呈空头排列，即股价、5 日、10 日、30 日均线自下而上顺序排列且均以不同的速率下行，股价的反弹往往会受到 5 日、10 日均线的阻力，较难站上 30 日均线。但是，在中期下跌趋势的末期，空方抛压减轻，先知先觉者逢低试探性买入，5 日、10 日均线先是走平，然后 5 日均线上穿 10 日均线形成黄金交叉。买盘逐步增强，成交量放大，股价继

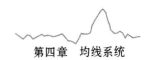

续上涨并向上突破30日均线，5日、10日均线先后上穿30日均线形成黄金交叉并呈多头排列，3条均线成为股价回调时的强有力支撑线，从而确认中期下跌结束，上涨正式启动（如图4-17所示）。

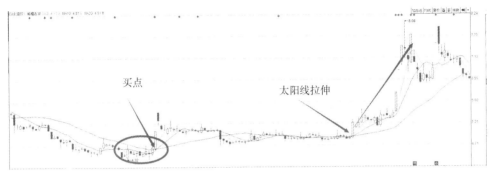

图 4-17　梅雁吉祥

3. 长期买入时机

股价向上突破30日、60日、120日均线是中长期最佳买入时机。股价在长期下跌后，在成交量放大的配合下，一举向上突破30日、60日、120日3条平均线，就意味着长期下跌趋势的结束和中长期上升趋势的开始。

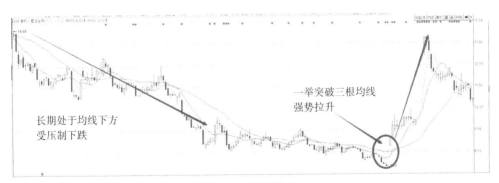

图 4-18　星河生物

## 六、洗盘与出货的区别

1. 洗盘

只要30日均线的方向朝上则该股盘中的震荡行为和K线组合的震荡行为就是洗盘而不是出货。

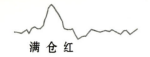
2. 出货

（1）发生在做头阶段，K 线图上 30 日均线的方向一定由大幅上涨趋于走平。

（2）出货行为中的成交量必然呈现一种不规则放大、萎缩的特征。成交量放大表明有巨量筹码出逃。不规则萎缩表明庄家已失去对该股筹码的控制。

（3）出现股价波动幅度较大的混乱无序趋势。股价大幅波动，是庄家希望提供差价机会骗取短线客进场赚取差价利润，希望有新的买家来接走自己抛出的筹码。

# 第四节　60 日均线理论

什么样的股票是你最喜欢做的？答案肯定是持续上涨的！在股民的操作中，连着涨的股票是最爱，因为非常强势！那么我们手中持有的股票，如何简单地判断强弱呢？

先对股票和行情的"强弱"进行一个定义。是不是持续上涨就是强势，持续下跌就是弱势呢？非也，这是一个我们操作中对行情强弱定义的误区！当我们手中的股票进行连续上涨时，无可厚非地属于强势股，但同时如果一旦我们手中的股票一直在连续地下跌，也是属于强势股，只不过是强势下跌而已。

例如，大唐发电（601991）弱势定义上讲，当手中的股票之前一直连续上涨，但近期出现小幅度回调，幅度并不大，或者之前一直连续下跌，但近期出现小幅度反弹，力度也不大，这统称为弱势回调或反弹。还有一种情况，就是横盘

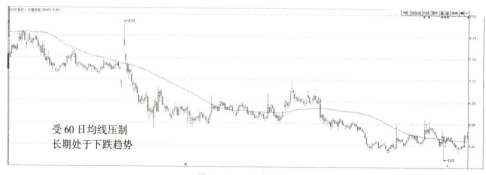

**图 4-19　大唐发电**

震荡。横盘时，我们无法从当前的走势中判断出要涨还是要跌，要对比大盘或者板块，及同板块其他个股的同期走势进行研判：如果大盘跌，这只股票横盘不跌，视为强势，但方向待定。当大盘上涨时，它进行爆发，则为强势上涨，但当大盘上涨，它却开始下跌，就是补跌，则为强势下跌。反之，同样为强势，不过仍然是在方向问题上待定，判断方法一样。

## 一、强弱的内涵

（1）在 A 股的任何一种盘面中，不管走势如何，永远为多头和空头的博弈结果。强势的内涵是多头或空头一方力量占据绝对优势，明显胜过另外一方，在股票走势上显示连续上涨或下跌，而弱势的内涵则是多头和空头始终激战，但无明显胜利方，在股票走势上显示为涨涨跌跌。

（2）在操作股票过程中，如果以赚钱效应为划分标准的话，强势上涨的股票为真正的"强"，而强势下跌的则为"弱"。而我们最认可的，莫过于这种方向性非常明朗的股票。一旦确定持有的股票是强势上涨，赚钱效应"强"，就应该持股待涨！反之，判定为强势下跌，赚钱效应"弱"，就应该马上卖掉，进行调仓换股。

## 二、60 日均线理论

在 MA 均线系统中，60 日均线是一个趋势分水岭。

上涨下跌趋势中，60 日均线起到的是一个"天花板和地板"的作用。

## 三、趋势分水岭

60 日均线本身的市场含义，就代表股票或是指数行情的中线趋势，上下方则代表趋势上多头优势还是空头优势。

行情站在 60 日均线上方进行，则是多头力量强于空头，属于多头优势，且 60 日均线斜向上运行，说明该股处于上涨趋势，每次回调到 60 日均线不跌破即为最佳的介入位置。相反，行情站在 60 日均线下方进行，则是空头力量强于多头，属于空头优势，且 60 日均线斜向下运行，说明该股处于下降趋势，每次上攻反弹均不能突破 60 日均线，逢反弹就减仓或清仓。

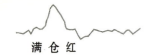

## 四、天花板和地板

（1）在上涨趋势中，60日均线会作为上涨趋势支撑线，起到地板作用，每次跌破均不破，或者跌破后3~5个交易日内迅速反弹回60日均线之上，则是最佳介入低点位置。

（2）在下降趋势中，60日均线会作为下降趋势的下降趋势压力线（天花板），每次反弹至60日均线不能有效突破，尤其是发生突破时，为首要卖出的高点位置。

（3）注意：60日均线作为上涨趋势的支撑线，跌破后趋势破位，可能会由地板变为天花板，操作的股票应该卖出，尤其是超过5个交易日仍然不能反弹回60日均线。60日均线作为下降趋势的压力线，不放巨量甚至天量进行突破，一般很难出现突破行情，即使突破，由于60日均线走势依然为斜向下，下降趋势短线内很难改变，因此突破反而为卖出股票的好时机。

## 五、实际案例

### 1. 龙元建设（600491）

一直以来龙元建设以60日均线为支撑，维持整体强势上涨走势。直到2016年10月31日跌破60日均线时，按照"60日均线理论"，跌破60日均线地板位置，就必须卖出。2016年11月11日该股票出现反弹，但不过60日均线，说明多头力量不足以改变趋势，之后一个交易日迅速被空头打压下来，算下来，还是在跌破当天止损卖出最划算（如图4-20所示）！

图4-20　龙元建设

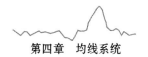

2. 青龙管业（002457）

前期一直连续下跌后，青龙管业在 8 元的位置出现触底反弹，之后突破了 60 日均线。如果前期持有这只股票，按照"60 日均线理论"，就应该在突破的时候先卖出，之后确实再次回调了，而且位置也比突破的时候低。为什么要先卖？很简单，因为之前青龙管业一直处于强势的下跌趋势中，空头力量非常旺盛，在短暂的反弹后一举突破了 60 日均线，多头的力量真的能够强到反转行情？这可未必，这种长期强势下跌中的反弹，极有可能会被空头再次打压，关键在于多头被打压后，回调下跌的幅度：如果小，说明空头力量确实削减，多头目前抵抗能力强，能站稳在 60 日均线，就是可以买入的时候（如图 4-21 所示）！

图 4-21 青龙管业

果不其然，青龙管业被打压后，9 月 30 日再次跌破 60 日均线，在短短的 2 个交易日内就重新站上了 60 日均线，这个时候可以确定，短线上多头的力量强于空头，该股票极有可能至少要短线强势反弹一波，坚定买入！

这时有个技巧：注意短线 MA5 日均线的支撑，加速行情中，以跌破 5 日线为离场标志！

行情 2016 年 1 月 4 日正式跌破 60 日均线，而且第二个交易日继续收大阴线，我们要做的事情有两件：第一，跌破 60 日均线就应该卖出，短线变为空头强势，风险大；第二，没在跌破时卖出的，3~5 个交易日不能反弹回 60 日均线以上，就坚决卖出，不应该等。

3. 超华科技（002110）

当股票走势和超华科技一样时，怎么办？这个时候要注意，这属于弱势行情了。因为多头和空头围绕着 60 日均线进行博弈，结果如何，我们暂时无法得知，

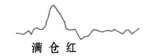

那么这时也有个小技巧：注意观察 60 日均线是维持斜上走势，还是开始斜下走势。如果是斜上走势，说明短期内多头还是略胜一筹，还能持有，一旦是斜下了，卖了再说，因为局面转向空头偏强了，不要等确定空头强势的时候再卖，那个时候就有点晚了。还有一种局面，就是 60 日均线走平，这个时候就持仓不动，观察是要上还是要下（如图 4-22 所示）。

图 4-22　超华科技

## 六、60 日均线应用法则

（1）前期强势拉升过一波，现在回调至 60 日均线附近，获得一定支撑。

（2）60 日线和 120 日线依然处于多头排列。

（3）60 日线呈 30 度左右的斜角，向上发散。

（4）资金再次开始关注，特别是有主力资金攻击。

1. 买入操作要点

60 日均线重新低位走平开始向上拐弯股价站稳于线上，并经过回抽确认，说明中期趋势有走好迹象。

中期上升趋势的成交量应处于温和的放量过程。

激进的投资者可以在 5 日均线抬头向上时买进。

买进后要紧捂股，不要轻易做短差。

2. 卖出操作要点

（1）60 日均线重新走平开始向下，股价收在 60 日均线之下，并经确认无法站稳 60 日均线，说明中期趋势有走弱的迹象。

（2）下跌的成交量缩量阴跌的过程，反弹无法放量。

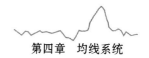

（3）激进的投资者可以在有效跌破 5 日均线止盈卖出。

（4）卖出后不要随意抢反弹。

# 第五节　120 日均线和 250 日均线讲解

## 一、120 日均线代表的意义

所谓趋势线就是通常所说的 120 日均线，俗称半年线，有的人也称之为脊梁线。这里我们所说的趋势线可用于分时、日线、周线、月线，但如果不特别强调就仅指日线。趋势线是股市中长期走势的风向标，是绝大多数主力、庄家进退的依据，在实盘操作中对我们有巨大的指导意义。

## 二、250 日均线代表的意义

一年有 54 周，一周有 5 个交易日，理论上计算，一年大概有 270 个交易日，除去节假日，能有 250 个实际交易日就不错了，故 250 日移动平均线便称为"年线"，其移动平均的时间周期间隔参数为 250 天，属于超长期移动平均技术线。250 日均线是某只股票在市场上往前 250 天的平均收盘价格，其意义在于它反映了这只股票 250 天的平均成本。250 日均线是股票价格走势的牛熊线，即在 250 均线系统法则中，250 日均线还有另外一个称呼：牛熊走势的分界线。

## 三、120 日均线的含义

120 日均线可称为股票价格走势的脊梁线、灵魂线。由于 120 日均线时间周期长，趋势一旦形成就不易改变，所以主力庄家不易制造骗线。

## 四、120 日均线的作用

（1）助涨作用。当 120 日均线处于上涨状态时，有助涨作用。

（2）重压作用。当 120 日均线处于下降趋势时，120 日均线对股票价格走势具有重压作用。120 日均线下降斜率如果比较陡，则对股票价格走势的压力更加

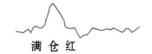

明显，即使股票价格走势出现快速上涨，但随后往往会出现更为快速下跌的走势。

（3）确定买入时机。利用 120 日均线处于上涨趋势时，对股票价格走势具有的助涨作用，来确定买点。即以 120 日均线作为支撑线，当股价回跌到 120 日均线附近时买入。

（4）中长期股价趋势判别。120 日均线由于变动缓慢，趋势一旦形成或改变，不论是上涨还是下跌都要持续一段时间，所以，投资者可以从 120 日均线的变动中，把握中长线的股价运动趋势。

（5）市场成本及趋势指导作用。如许多庄家主力在操盘时，也按 120 日均线为参考线；庄家在洗盘打压价格时往往也在 120 日均线止步；长期平台整理时也往往是在 120 日均线上涨上来后进行向上突破等。

## 五、250 日均线牛熊走势的分界线的作用

250 日均线的趋势方向和股票价格升破或跌破 250 日均线，有着重要的技术分析意义。如果市场中有一大批股票出现这样的走势，说明就要有一波行情了，或者市场中就要出现新的炒作题材了。

250 日均线的作用与 120 日均线的作用非常类似。在实际操作中，中大盘股的走势往往于 250 均线的作用大，于 120 日均线的作用小，并且 250 日均线和 120 日均线共同使用则作用与效果更加明显：①支撑作用，即处于上升状态的 250 日均线对股价有支撑作用；②压力作用，即处于下降状态的 250 日均线对股价有压力作用，突破这种压力需要成交量和时间才可确认。因此在 250 日均线走平或向上之前，都不能介入，否则会屡买屡套，损失金钱和时间。

## 六、120 日均线的实战应用

### 1. 趋势线拐头一旦向下要坚决清仓离场

这里非常重要，很多主力操盘手大多以 120 日均线为进退依据，当趋势线一旦拐头向下，大级别的调整即将到来，此时必须出局观望。

上证指数 2008 年 1 月 5200 点时，半年线拐头开始向下，这预示大盘中长期走势已经被彻底破坏，机构见此信号都纷纷出局离场，留下的只是傻乎乎的散户在那里痴痴地等，一等就是地老天荒，很多人到现在都是望眼欲穿，那 48 元的中石油、96 元的中国神华估计要套牢一代人，大家对趋势一定要有所敬畏。

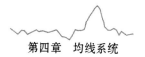

2. 实战范例一

上证指数走势图，3100 点时 120 日均线拐头开始向下，此时投资者必须果断出局，终生群朋友已经在笔者的恐吓下大多在此处附近做了减仓处理，这是基于趋势线的指导作用所做的决定。从此处看大盘后市还有下挫空间，投资者不可盲目抄底（如图 4-23 所示）。

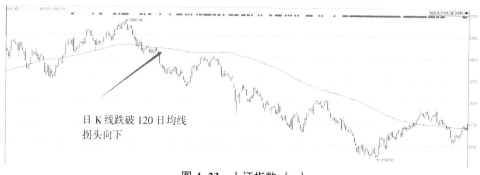

日 K 线跌破 120 日均线
拐头向下

图 4-23　上证指数（一）

趋势线拐头一旦向上要坚决进场。A 股经过暴跌之旅，2005 年 11 月，大盘趋势线拐头开始向上，此时大盘大约 1160 点，此时投资者可以果断入场，不要有任何犹豫。后市行情最高发展到 6124 点（如图 4-24 所示）。

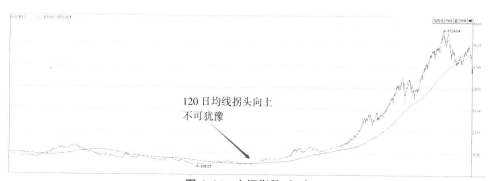

120 日均线拐头向上
不可犹豫

图 4-24　上证指数（二）

3. 实战范例二

上证指数 2009 年初在 2200 点附近，趋势线拐头向上，说明经过长时间暴跌后 A 股行情开始走好，投资者可以坚决入场，后市行情发展到 3478 点（如图 4-25 所示）。

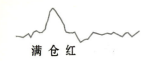

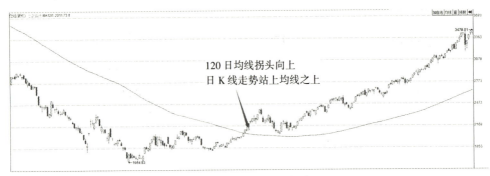

图 4-25　上证指数（三）

　　如图 4-26 所示，在四处椭圆处需要买卖两次略显频繁。但其实当时的操作并不算很麻烦，因为当时股价在趋势线做了诱空和诱多时都要在线下和线上运行 20 个交易日左右，只需要每个月多花一两天时间看盘而已，而且这样操作仍然盈利，远远大于买卖的手续费。

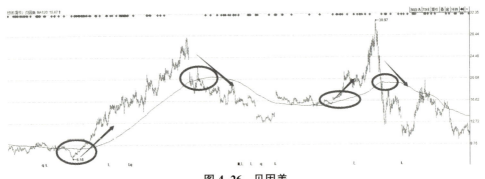

图 4-26　贝因美

## 七、250 日均线的实战用法

### 1. 断大势

　　年线是通过将 250 天内的指数移动平均，反映的是指数的长期走势，对大资金抄底十分有用。1996 年以来，几乎每次出现行情，指数均突破年线，例如大盘自 1993 年 2 月回调以来，进入长期熊市，年线亦持续向下，1996 年 1 月最低创下 512 点的低点，1996 年 4 月 24 日指数突破年线，同日拐头上行，意味着长期调整趋势的逆转，从此大盘展开了一轮波澜壮阔的大行情。1999 年年底，大盘连收七阴，股指呈破位下行的不良态势，但 12 月 27 日创出 1341 点的低点后，

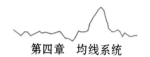

在年线处很快企稳，股指在年线下仅停留三天时间便重新企稳站在年线之上，形态上呈一个典型的"蜻蜓点水"，经此一"点"，股指见底回升，长期牛市拉开序幕（如图 4-27 所示）。

**图 4-27　上证指数（四）**

由于 250 日均线时间跨度长，只可利用其抄底，不能利用其来逃顶。中国股市向来在顶部停留的时间短，若等待年线在高位拐头向下时再卖出，此时股指已跌去一大半，庄家早已脱手。因此逃顶需有一些短线指标。

2. 判别和确认股票开始走牛

250 日均线几乎不能单独使用，而主要是和 20 日、120 日均线配合使用，主要起辅助参考作用（如图 4-28 所示）。

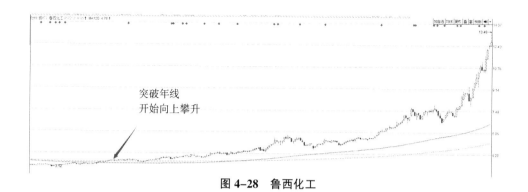

**图 4-28　鲁西化工**

（1）突破这种压力需要成交量和时间才可确认。带量升破 250 均线的压力和 250 均线已掉头向上，是判断股票走牛的关键。此时股价即使再度跌破 250 均线，其跌幅亦往往有限，可以认为是股票价格走牛的回挡走势。

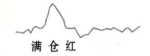

（2）形态特征：

1）在前期走势中，股票价格跌幅较大，或下跌时间较长，250日均线长期呈下降趋势。

2）股票价格在低位震荡，以前价格的连续下降走势有改变的趋势。

3）250日均线跌势趋缓，股价放量突破250日均线的压力，已经在250日均线之上运行。

4）股价即使随后跌破250日均线，但成交量同时萎缩，显示卖压极小。

5）股价重新放量回升、站稳在250日均线之上时，表明股价已探明底部，此时可放心介入（如图4-29所示）。

图4-29 西部矿业

## 八、250日均线的其他用途

（1）套牢者的逃命线。对前期已出现一轮较大升幅之后见顶回落的庄股来说，一旦跌破年线，证实调整格局形成，后市调整时间和空间都难以预测，套牢者应当机立断，以年线作为止损线，尽快逃命。此时，年线起到"逃命线"的作用。例如2015年8月24日大盘跌破年线，大批个股在此前后亦跌破年线，熊市格局形成，最后一泻千里。近期一批老庄股又跌破了年线，发出逃命信号（如图4-30所示）。

（2）反弹的高压线。对在年线之下运行的个股来说，若反弹至年线附近，往往会遇到强大阻力，遇阻回落的可能性很大，因而一旦股价接近年线附近，宜减仓，尽量不碰这根"高压线"（如图4-31所示）。

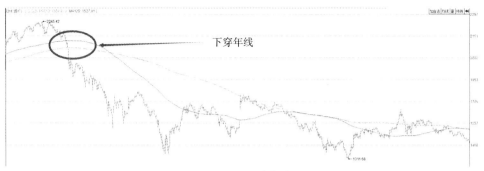

图 4-30 下穿年线

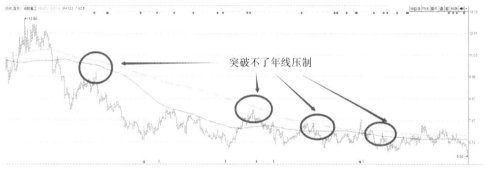

图 4-31 海陆重工

（3）下跌途中的救命线。一些在年线之上运行的个股，途中若出现短线回调，在年线处往往获得支撑，随后出现反弹的概率极高，因此，可把年线称为下跌途中的"救命线"，在此线附近，套牢者可适当补仓，空仓者可大胆介入抢反弹（如图 4-32 所示）。

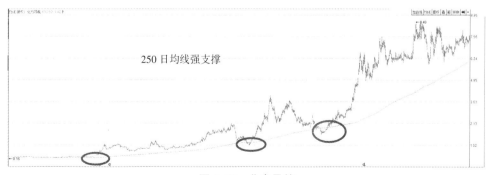

图 4-32 北方导航

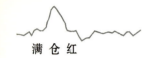

# 第六节  5日均线和10日均线的实战运用

均线选股技巧是有很多种方法的，当然不能说每一种方法都是准确的，一般都是在特定的组合之下的选股方法才能说比较可靠。在众多均线中，5日均线、10日均线是咱们的短期均线，也是我们短线投资者必选的。在均线的实际应用中，不同周期的均线搭配使用，比单根均线的效果好得多。今天就讲一下均线的两两组合使用情况，也是对理论的一种应用。

5日均线和10日均线组合使用的具体方法：

（1）5日均线上穿10日均线后，股价回落至10日均线附近时，如果10日均线上拐，则形成短线买点。

（2）5日均线与10日均线平行向上时，股价回落至10日均线附近是买点，特别是第一次回落至10日均线附近。

（3）5日均线与10日均线低位向上，同时具备下凸形态时，为股价短线起飞点。

（4）5日均线与10日均线在股价盘整末期如果形成一条线，要注意一旦分开向上，是较有爆发力的起飞点。

1.5日均线上穿10日均线

5日均线上穿10日均线形成的形态叫作金叉。黄金交叉是多头强势的表现，预示后市股价将上涨。需要注意的是，不是中长期均线发生金叉，就能预示股价将上涨，还要依据大市市况和个股的强弱而定。

5日均线和10日均线组合使用注意事项：

（1）一方面大盘是否处于调整当中，见顶回落。

（2）个股前期涨幅是否已经较大。

（3）股票在30日均线之上并且均线是向上的。

（4）60日均线以下的股票坚决不碰。

（5）股票以买入当日为准，买入日加上前一天和后一天，这三天当中的最低价为准，破掉就做止损。

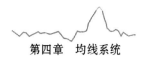

（6）上涨超过 10% 就按进场价为止损价，直到卖掉。然后每涨 10% 提高止损价 10%。就严格按照以上标准操作（如图 4-33 所示）。

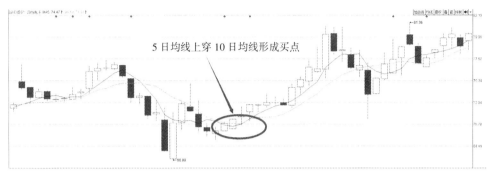

5 日均线上穿 10 日均线形成买点

图 4-33　四川电子

当 5 日均线向上突破 10 日均线形成金叉时，这样的变化特点显示市场短期走强，预示着股价短期有较强的上涨动力，投资者可以进行短线买入操作。

从图 4-34 中可以看出，该股上升后转跌，经过了较长时间的下跌之后，股价成功在 5.2 元附近止跌回升。

下跌过程当中股价不能
有效突破均线

5 日均线突破 10 日均线
10 日均线向上突破

图 4-34　苏州固得

在股价逐步上涨后，5 日均线上穿了 10 日均线，形成了金叉，之后又放量上涨收出大阳线，显示市场短线上涨动力充足，同时 10 日均线已经抬头向上，这也预示着股价将会继续看涨，由此短线买入信号发出。

2. 5 日均线下穿 10 日均线

当 5 日均线向下穿过 10 日均线时，显示市场短线看空，投资者应该果断进行短线卖出操作（如图 4-35 所示）。

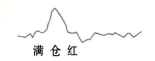

图 4-35　万丰奥威

　　该股在前期出现了明显的上涨，并由此也形成了良好的短线操作机会，短线操盘者可在此期间获利。上升至 25.9 元后，股价开始下跌并连续收于阴线，显示市场短线看跌的信号。同时 5 日均线向下击穿了 10 日均线，均线系统形成了死叉，这样的均线交叉也发出了明确的看跌信号，此时短线投资者要及时卖出股票。

　　3. 5 日均线弯至 10 日均线形态

　　股价结束一波上扬（也就是说前几日由一条或几条比较大的阳线，并伴随成交量有效放大，至少要比前几日量大），股价上扬的这个期间一般是一个小周期（大概是 6 天左右时间），如果庄家还想继续把这一波行情做下去的话（一般都要做的），必然要有一个洗筹的过程，要不庄家就太累了（浮筹多，不好控制局面）。

　　这时候股价肯定远离 5 日均线，它要等 5 日均线上来，股价也不上扬而是横盘，时不时地还要往下砸一砸股价，但它的底线是 10 日均线，如此几日股价就跟了上来，基本处在 5 日均线和 10 日均线之间，值得注意的是洗筹的这几日成交量是逐渐萎缩，反之放量那就没有了（这是最关键的），洗筹的这几日一般也是一个小周期（大概是 5~6 天），有的时候庄家往下打得很凶，把股价打到 10 日均线下方，给人的感觉像要破位，但仔细观察它的 5 日均线并没有有效下破 10 日均线，只是给人的一种错觉而已（这就是庄家的战术——让胆小的人把廉价筹码让出来）（如图 4-36 所示）。

　　待庄家拉升前的最后一日，股价一般都收成带有上下影的小阴或小阳线且成交量很少挂在 10 日均线处，个别的有在 10 日均线下方（这就是前面说的庄家搞的小把戏）。

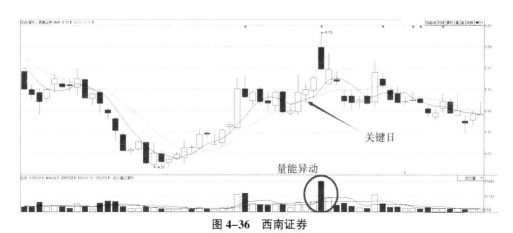

图 4-36 西南证券

我们看到了一个标准的平台盘整形态，5 日均线的横向移动、10 日均线的坚挺上扬等构成要素。

（1）5 日均线弯至 10 日均线的主要特点：①10 日均线坚挺上扬。②5 日均线下弯但不会下穿 10 日均线（或下穿幅度非常微小，并迅速收回）。③K 线可能会落在 5 日均线、10 日均线下，不要在乎日 K 线在上面还是在下面，哪怕下来的阴线还不小，只要量不太大，虽是前期高点但不是明显的头部，伴随的成交量也不大（如图 4-37 所示）。

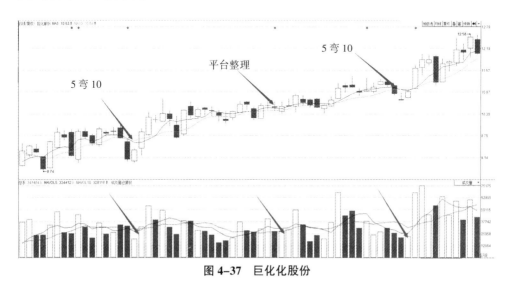

图 4-37 巨化化股份

（2）回调形态的主要特点：①股价下调幅度较深。②5 日均线轻易下穿 10 日

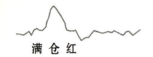

均线，并在 10 日均线下方滞留若干交易日。③止跌企稳后会维持数日的底部盘整，然后再重新上涨。④回调形态是指在上升趋势没改变的前提下第一次下调，不可和几波形成的下降趋势的回调相提并论。

图 4-38 显示了一个标准的回调形态，5 日均线轻易下穿 10 日均线，在经过几个交易日的底部缩量盘整后，随着关键日的出现，迎来一个新的上涨波段。

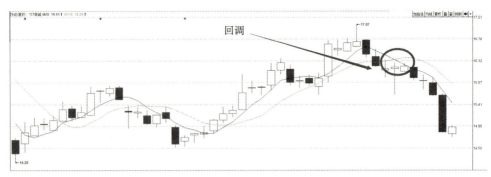

**图 4-38　*ST 商城**

（3）回挡的主要特点。回挡形态是启动一日阳线之后没有紧接着连涨，而是停下来滞涨整理，其单日表现形态主要包括小上影线、十字星、小阴线、腹中胎等，"回挡仅一天，中或大阳带的小 K 线，刚刚带动 5 日均线向上翘头，K 线与 5 日均线之间有较大距离空间"，"另外回挡时成交量有大有小，不像其他两个整理形态应是缩量递减"。

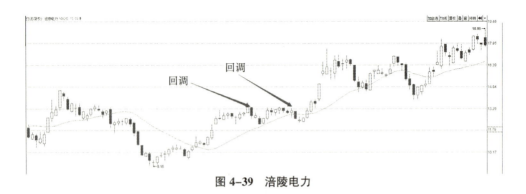

**图 4-39　涪陵电力**

图 4-39 显示刚刚结束了一个较大的回调形态，在股价放量突破前期高点之后，为了清洗两天上涨带来的浮筹，出现了一个缩量小阴线回挡形态。有些朋友

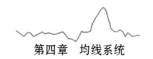

可能对回挡和回调的概念分不清，这张图对这个问题做了最好的解释。

（4）短暂整理形态的主要特点。短暂整理形态，比回档整理一日长点，长也长不多，也就是2~3天，短暂整理在3个小形态当中是最常见的，"成交量递减至地量，上没有头部征兆、下有五日线顶着"（如图4-40所示）。

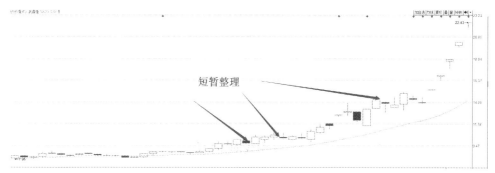

图4-40 武昌鱼

这段上扬波段中共出现了4次短暂整理形态（中间的一次看作稍长整理也没关系），其共同特点都是K线收敛的同时伴随着成交萎缩，并且都得到了5日均线的支撑。

（5）稍长整理形态的主要特点。稍长整理又比短暂整理要长，多1~2天。因有时末端K线被5日均线穿膛而过，因此，稍长整理形态比短暂整理形态较为难看些，还有一点是5日均线暂不作助涨，取而代之的看点是稍长整理形成的实体箱体最长的稍长整理至多也不过5天，若超过5天以上，股票就会压迫5日均线走平，继而压弯5日均线。5日均线只要走平或下弯，再出现的形态就不属于波段的范畴了，属于波段之外趋势之中的事情，那时就得需要用大形态的平台、

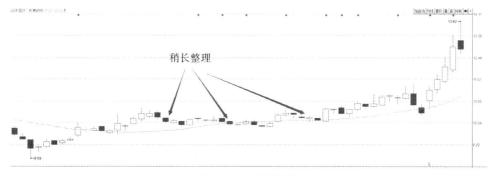

图4-41 杭萧钢构

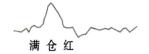

5 弯 10、回调应付。

特点：连续出现了三个稍长整理形态，都由四个交易日构成，其主要特点是5 日均线基本一直保持向上的态势（不走平，不下弯），并且 5 日均线会穿过该形态末尾的一两根 K 线。

在实战中应用三个小形态时，应该尽量介入在大形态启动的一两根阳线之后的整理结束时，越往上越不安全，每个波段头部也都有这些小形态影子出现，不可一味地都作为能突破再涨的蓄势形态对待。

尽管这几种经典形态都有各自的特点，但是有些形态"长得"实在太像了，似乎很难区分。容易出现这个问题的形态主要是 5 弯 10、平台、回调、稍长整理 4 个形态。

5 弯 10 形态的最明显标志是 5 日均线向 10 日均线下弯而不下穿（或者下穿幅度非常小），构成该形态的 K 线排列略向下倾斜。

平台盘整的最明显标志是 5 日均线的横向移动，构成该形态的 K 线呈横向排列。平台盘整的走势看上去要强于 5 弯 10 形态。

关于这两个形态的区别，我们可以参考前面讲 5 弯 10 形态时曾经出现过的，两种形态主要的区别体现在 5 日均线的走向上。

# 第七节  根据 30 日均线和 60 日均线
# 判断中期买卖点

## 一、30 日均线和 60 日均线交叉

30 日均线向上运行并穿过 60 日均线形成的交叉也称为金叉，由于 30 日均线和 60 日均线都是较长周期的均线，因此金叉发出买入信号可信度较高。

（1）在股价强势拉升，且 30 日均线上穿 60 日均线形成金叉时，显示股价持续上涨的信号，投资者可短线追涨。

（2）在股价一般性上涨，同时 30 日均线和 60 日均线形成金叉时，一般会回踩 30 日均线，在股价回踩 30 日均线时即可买入（如图 4-42 所示）。

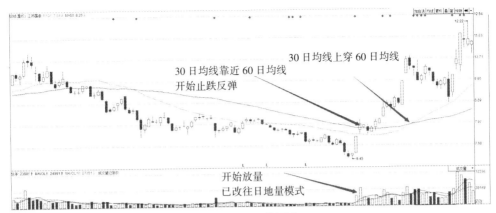

**图 4-42 江苏国泰**

图 4-42 是江苏国泰（002091）2013 年 11 月到 2014 年 2 月的走势，从中可以看出，该股先是出现了持续一段时间的横向整理然后股价开始缓慢上涨，随后在椭圆区域股价强势放量涨停，且 30 日均线已经上穿了 60 日均线，由此发出了金叉买入信号，其后期走势看涨。

在股价一般性上涨的带动下，30 日均线上穿 60 日均线，其后股价一般都会向下回踩 30 日均线确认，由此形成短线买入机会，图 4-43 为山河智能（002097）2013 年 11 月~2014 年 1 月的走势。

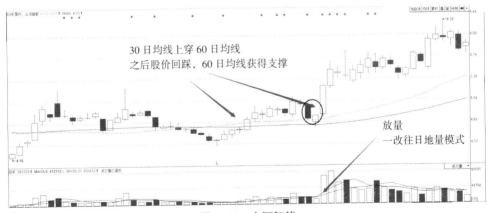

**图 4-43 山河智能**

从图 4-43 中可以看出，椭圆区域中股价下跌后又强势上行，30 日均线上穿了 60 日均线形成金叉，在上升一段时间后该股价又向下回踩了 30 日均线，并成功在 30 日均线位置获得支撑，股价随即再次放量上涨，并收出大阳线，由此发

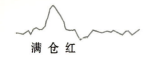

出了短线买入信号。

## 二、30 日均线死叉 60 日均线的妙用

技术要求：如果个股或大盘的 30 日均线在高位向下死叉 60 日均线，那么则是该股或者大盘中线走熊的信号之一！对于这样的个股或大盘，大家则在中线的操作上适宜轻仓或者甚至空仓观望，而不是一味地相信股评或研究报告、小道消息、基本面、业绩等，只要是技术上发出卖出的信号，我们就要像机器人一样坚决地执行自己的"铁血操作纪律"！

中国平安（600386），2016 年 7 月 19 日正式发出 30 日均线死叉 60 日均线的"危险警报卖出"信号，这个时候，操作上我们应该坚决地执行技术上发出的卖出信号！如图 4-44 所示，该股的技术反弹也是仅仅反弹到 60 日均线便戛然而止，形成的阴包阳下跌 K 线组合，这样技术的共振要求，使我们更应该坚决地执行卖出该股的指令！

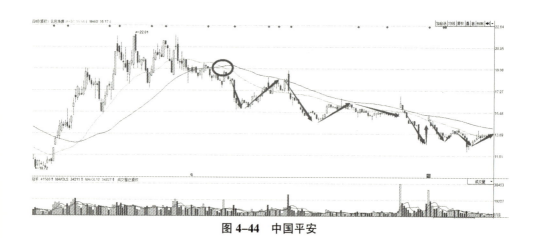

图 4-44 中国平安

关于均线的金叉和死叉有一个特殊的规定：均线金叉或者死叉之后必须是同时向上或者同时向下。一根均线打横，一根向上或向下，或者两根均线是一根向上，一根向下，都不算均线的金叉和死叉！

关于 30 日均线死叉 60 日均线，则是一个调整信号！一旦死叉，则必定调整，而调整的幅度跟原来的上升幅度有关。因此，中级反弹行情里遇到 30 日均线死叉 60 日均线，则果断清仓、休息。因为这是一个很危险的信号！

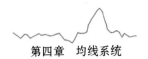

均线虽然不能让我们买在最低点和卖在最高点，但是可以让我们很好地把握住趋势，这跟股市里的"吃鱼身理论"很相似。吃鱼只吃鱼中间的那最肥、最美部分，鱼头和鱼尾行情则很难啃，一不小心就让鱼刺卡着喉咙了！

30 日均线如果金叉 60 日均线，起码有一个小反弹行情，大的话则是牛市来临的第一个信号。如果是前期跌幅巨大，之前没有任何的像样反弹，一旦 30 日均线金叉 60 日均线，则很可能会诱发一波大行情产生！

### 三、均线常见图

1. 均线多头买入

均线在底部经过黏合后，长期均线逐渐呈现出多头排列，当短期均线未经回调就出现多头趋势时，表示多方力量很强大，能带动股价继续上攻。而当股价短期均线回调后再次呈现出多头排列时，表示多方力量增强，股价将进入快速上涨行情，后市看多。

以个股鲁西化工（000830）为例，该股一直都是震荡上升的行情，2007 年 2 月 8 日 5 日均线上穿 10 日均线，形成多头排列，表明多方力量主导行情，股价将继续上涨，是明确的买入信号。投资者应积极买入股票。

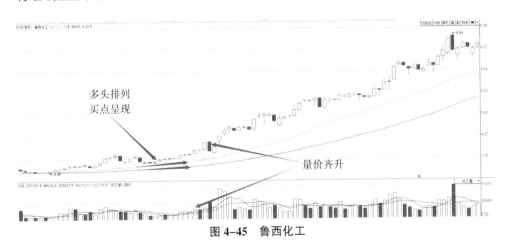

图 4-45 鲁西化工

2. 三角托

操作策略：三角托面积越小，信号越明确，10 日均线上穿 20 日均线的时间间隔越短，信号越强，参考指标为成交量（如图 4-46 所示）。

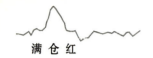

**图 4-46　三角托**

**3. 均线黏合之后向上突破**

操作策略：黏合时间越长，上冲力度越大。向上发散时，如果成交量同步放大，则信号的可靠性大大增强（如图 4-47 所示）。

**图 4-47　惠泉啤酒**

**4. 看跌均线**

（1）空头排列。操作策略：发散之后排列坚决看空。

（2）死亡交叉。短期见顶信号，股价大幅上升后，应该减仓。两线下降角度越大，信号越准。

（3）三角压。三角压面积越小，信号越明确。均线下破，下破时间越短，信号越明显。同时，参考量的配合（如图 4-48~图 4-50 所示）。

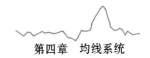
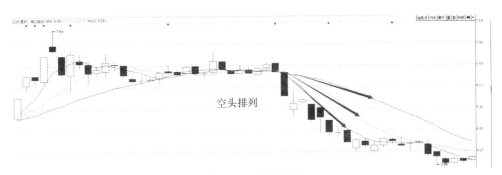

图 4-48 绩达股份

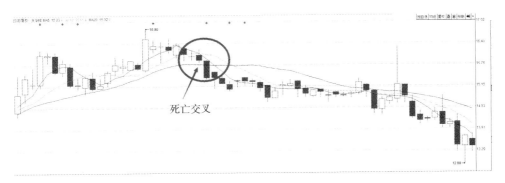

图 4-49 天华股份

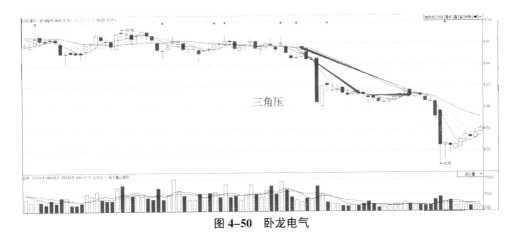

图 4-50 卧龙电气

（4）均线黏合之后向下突破。黏合时间越长，下跌力度越大。向下发散时，如果成交量同步放大，则信号的可靠性大大增强（如图 4-51 所示）。

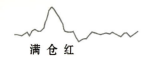
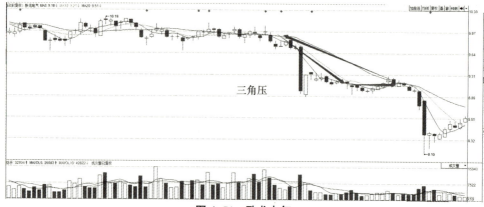

三角压

图 4-51 卧龙电气

# 第五章 盘 口

## 第一节 识别盘口

### 一、关注开盘价

在实战看盘中，其实开盘价是非常关键的，比如一个正处于主升的品种，低开、高开、平开都是有一定含义的！主升中的低开常常隐藏杀机！尤其在上涨了相当的幅度后，一个低开足以致命。在分时观察中要注意的是以下几种现象：

（1）开盘后立即上攻，开盘价就是最低，盘口显示出很强的攻击盘，但是盘中整理时却莫名其妙地跌破开盘价，一度创出新低，收盘前再度拉高，这么一来，K线便出现了下影线，这种走市其实已经蕴含了一种多空的转换，如果做盘资金坚决，那根本不可能让场外拣到低价位筹码，因为资金在拉高时，本身就是在承接，而出现了比其承接价还低的价位，无疑是让场外的成本低于主力的成本，这就像从主力的口袋里掏钱，是主力所无法容忍的，一旦出现这种走势，需要的是慎重和观望。

（2）开盘后略微上攻后即迅速跌破开盘价，且始终无法再冲破开盘价位，如果这种走市是在阴线的后面，所透露的盘面信息是不给前一天的高位买入者解套的机会，如果盘中持续低走，是一种极其虚脱的态势。

（3）品种开盘后一度短时间上攻，但回跌破了开盘价后，还能够继续创新高，这里要观察的新高和前期高点的幅度，如果只是略微创出的微弱新高，那这种新高的持续创出力度值得怀疑，这里需要观察的是该股票在回调时的折返点，

113

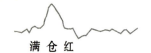

如果回调后的低点和第一拨冲高后，跌破开盘价创出的低点不会差得太远，那该品种的做多动力是较为虚脱的！如果一个 K 线正处于主升道的品种在分时走势中反复给你在开盘价位下的绿色海洋中建仓的意愿，那当天走势很可能都是以调整为主，不会有太过凶猛的涨势，即使尾市出现拉升，那也要慎重。

以上三种情况都是针对开盘价而言的，所以开盘价就像一个人早起时的精神面貌，高开说明斗志昂扬，平开还算是端庄，低开则是精神委靡，一个好的精神状态至关重要。

## 二、盘口秘诀

（1）上有盖板，而出现大量隐形外盘，股价不跌，为大幅上涨的先兆。

（2）下有托板，而出现大量隐形内盘，为庄家出货迹象。

（3）外盘大于内盘，股价不上涨，警惕庄家出货。

（4）内盘大于外盘，价跌量增，连续第二天，是明眼人最后一次出货的机会。

（5）内外盘都较小，股价轻微上涨，是庄家锁定筹码，轻轻地托着股价上走的时候。

（6）外盘大于内盘，股价仍上升，看高一线。

（7）内盘大于外盘，股价不跌或反有微升，可能有庄家进场。

盯盘要诀：如何在盘口观察市场、研判市场变化。

盘口的语言很丰富，不同时期，主力的盘中手法不一样！

对股民来说最危险的事情莫过于认为狂升中的股票不会再上升了（事实还升）！

（1）在上午开盘时成交量急速放大，且形态较好的个股，可仿分时图谱即时买进。不放量不买！

（2）涨幅榜靠前的同类强势个股。可寻机买进。

（3）今天继续强势的昨日强势股。可逢低买入。强者恒强！

（4）低开后平稳上涨且有大手笔成交股。可随机买进。

（5）尾盘进入 60 分钟涨幅排名榜（前 20 名）个股。可今买明卖。

（6）盘中涨幅不多而突然放量上涨的个股。可及时买进。

（7）炒股票必须把握好成交量剧增股及同类股的良机。趁热打铁——买就买热点！

（8）对于那些首次进入成交量排行榜、股价又涨的股票须有进货的考虑；对

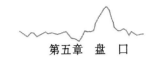

于那些首次进入成交量排行榜、股价又跌的股票应有出货的考虑。

（9）开盘大幅低开后，走高至涨停（特别在大盘不太强时），可仿分时图谱进出。

（10）每周第一天收盘往往与本周周线收盘相吻合，即同阴阳。

（11）每月第一天收盘往往与本月月线收盘相吻合，即同阴阳。

（12）上午不论何因停盘的股票，复盘后只要不涨停立即卖掉（无论好坏消息）。

（13）第一天出现"小猫钓鱼"走势，可大胆跟进并持有，但一旦钓鱼反抽卖掉。要斩就早斩、要追就早追、犹豫不决、股市大忌，逢高不出货、套牢不斩仓、热点转移不换手、才解套来又被套是亏损股民的共有特性！

# 第二节　如何看盘口

很多股民朋友看炒股行情软件，乱翻一气，没有重点，往往很容易错过一些机会。看盘究竟在看什么，这里有几个看盘重点和大家一起讨论一下：

一看集合竞价开盘。集合竞价在一定程度上反映了这只股票受关注的程度，以及最早进入市场的资金对昨日收盘价的评价。不过，根据多年的观察，集合竞价有时是主力制造的假象。如果股价高开，常表明卖盘踊跃，股票有下跌趋势。如果是非活跃股或冷门股，开盘价一般比昨日收盘价低，卖盘较少，股价有上涨趋势。通过观察集合竞价阶段涨幅榜、跌幅榜，可以估量当日市场多空力量，可发现当天哪类板块可能上涨或下跌。看最大量比数值和最大换手率，可发现当日最可能暴涨或暴跌的个股。

二看早盘大盘走势。看大盘是高开、平开还是低开？开盘后成交量是多少？同比是放大还是缩小？两市涨跌家数各是多少？按6、7两个键并回车，就能看到两市涨幅前列的股票多属于哪类或哪个板块。

三看目标个股走势。看个股开盘是高开、平开或是低开？查看目标股当前的阶段性位置在哪里？与均线的关系如何？看个股是独立行情还是板块联动？

四看盘口买卖挂单。盘口挂单的数值是否异常？内盘多还是外盘多？

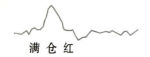

五看盘口买卖力道。要看盘口买盘的数值是多少？卖盘的数值是多少？

六看盘中异动。大盘有没有出现暴量？有没有明显的缩量？大盘下跌中有没有出现急跌后急速反弹？或上涨中出现指数急速回落？对照消息面和盘中带领指数涨跌的权重板块，作出基本分析。

七看共振现象情况。要看大盘与个股是否共振？或者分化？看大盘多周期共振点是否出现？看目标个股是否出现多指标共振？

八看尾盘如何收盘。看大盘是不是拉高收盘？看大盘是不是压低收盘？看个股是拉高或是压低收盘？看大盘与个股是不是联动？

综合以上各种信息，初步预测次日大盘和目标个股走向。

# 第三节　看盘口数据

分时图是炒股的最重要环节，所以大家一定要了解并理解分时的意义和含义，对分时量能和波动规律都要有一定的掌握，特别对权证、期货、现货等炒手更要熟练地掌握分时波动规律。下面做一简单分析。

分时图是股价运行和成交量的最本质的表现方式，庄家的所有动作都必将通过分时表现出来，绝对不可能跳过分时图，所以股票分析的基础就是分时图，K

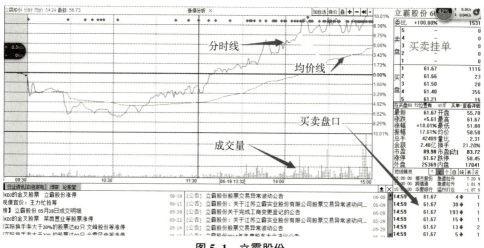

图 5-1　立霸股份

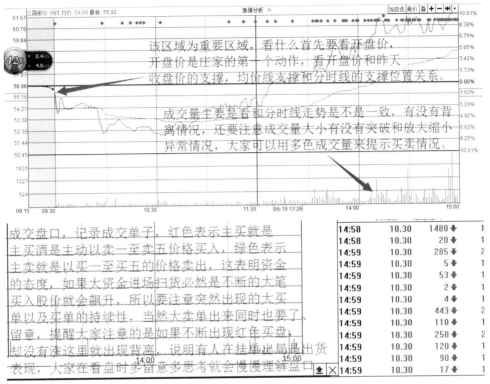

图 5-1 立霸股份（续）

线次之。所以大家一定要掌握分时图分析方法，每一种分时线形态和成交量能都表达庄家操控的含义，一切皆有原因，每一种分时线形态必然反映庄家的操作动态。所以对分时图的掌握主要是理解分时的含义，以及分时图所表达的内在的含义。关于特殊分时线形态将在后文中详细分析每一种特殊形态所代表的含义。

超级短线之分时图的绝佳买点如下。

## 一、均线支撑

均线支撑分为接近式、相交式、跌破式三种，均线支撑是指均价线支撑着股价线不往下跌的走势。

接近式支撑：指股价线由上向下运行到均价线附近时就反弹。

相交式支撑：指股价线向下运行与均价线相交的走势。

跌破式支撑：指股价线向下跌破均价线后，在较短时间里，又被拉回均价线之上的走势。

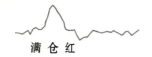

满仓红

注意：

（1）在第二次支撑时做多。在第一次支撑出现后，如果股价涨势平缓，没有出现急涨的走势（指涨幅没有超过 3%），随后出现的第二次和第三次支撑走势，均可放心买入。在第一次支撑出现后，如果股价大幅拉高，涨幅超过 3%，此后出现的支撑，应该谨慎或放弃。

（2）在操作均线支撑时，应该审视该股中长线的走势，是否有获利的空间，有获利空间股票，才可操作。

## 二、向上突破平台

向上突破平台指股价线向上突破前面横向整理期间形成的平台的一种走势。特征：①股价线必须在某一价位做一较长时间的横向整理，走势时间一般不少于半小时。②股价线应贴近均价线波动，波动的幅度较小，所形成的高点大体处在同一水平线上。③均价线在整理期间基本是一条水平线，无明显的波折。④均价线必须向上越过平台的最高点（如图 5-2 所示）。

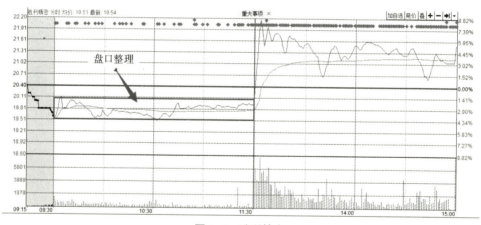

图 5-2 胜利精密

注意：防止假突破，设好止损点，第 2 天逃命。

在一个交易系统中，会出现多个"向上突破平台"的走势，第一个"向上突破平台"出现时，应该第一时间买入，第二个"向上突破平台"出现时，如果涨幅不大，也可买入，第三个"向上突破平台"出现时，应杜绝买入。

118

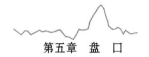

### 三、开盘急跌

开盘急跌指股价大幅低开或是开盘后在较短的时间内下跌的幅度超过 5% 以上的走势。

注意：①不要把急跌的最低点当作是最佳买点，最佳买点应是最低点出现后股价线向上抬头时的价位，因为低价后还有低价。②开盘就跌停的股票，只要股质好，下跌放量，跌停又打开来，可以买进。

有时会出现两次或多次低点，只要后面的低点没破前一次低点，就可持股。但要设好止损点（买入价的 4%~10%）。

### 四、V 字尖底

V 字尖底就是股价急跌，被快速拉起，股价线形成一个 "V" 字形态。

特征：①该形态出现前，应是平开或低开，其后出现急跌的走势。②该形态最低点的跌幅不能少于 2%，低点停留的时间不能超过 3 分钟。③该形态形成前，股价线应一直处在均价线之下所形成的尖底。

注意：①该形态的底部低点，必须是负值，且下跌的幅度必须大于 2%。（下跌的幅度越大，则收益就越大）。②要注意该形态的股价线与均价线之间的距离。③股价线与均价线之间的距离（乖离率必须大于 0.5%），距离越大，则收益就越大（如图 5-3 所示）。

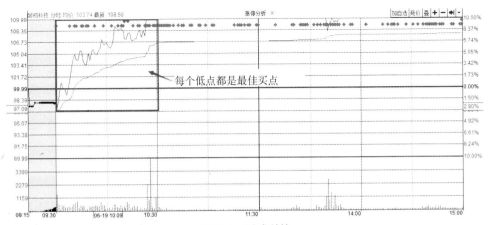

图 5-3 耐威科技

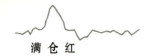

图 5-4 是跌破式买入法，在第一次跌破均价线时，被快速拉高，第 2 次是最佳买入。底点被逐渐抬高。

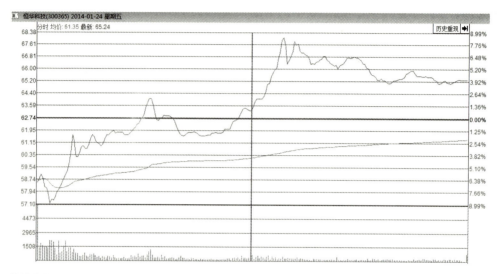

| 成交日期 | 合同编号 | 证券代码 | 证券名称 | 操作 | 成交数量 | 成交均价 | 成交金额 | 交易市场 | 股东帐户 | 成交编号 |
|---|---|---|---|---|---|---|---|---|---|---|
| 20140124 | 2089 | 300365 | 恒华科技 | 买入 | 1400 | 61.400 | 85960.000 | 深圳A | 0144528025 | 1901 |
| 20140124 | 1993 | 300365 | 恒华科技 | 买入 | 500 | 61.440 | 30720.000 | 深圳A | 0144528025 | 1864 |
| 20140124 | 1993 | 300365 | 恒华科技 | 买入 | 150 | 61.440 | 9216.000 | 深圳A | 0144528025 | 1851 |
| 20140124 | 1993 | 300365 | 恒华科技 | 买入 | 300 | 61.440 | 18432.000 | 深圳A | 0144528025 | 1846 |
| 20140124 | 1993 | 300365 | 恒华科技 | 买入 | 500 | 61.440 | 30720.000 | 深圳A | 0144528025 | 1800 |
| 20140124 | 1993 | 300365 | 恒华科技 | 买入 | 200 | 61.440 | 12288.000 | 深圳A | 0144528025 | 1795 |
| 20140124 | 1993 | 300365 | 恒华科技 | 买入 | 500 | 61.440 | 30720.000 | 深圳A | 0144528025 | 1794 |

图 5-4　恒华科技

在第二次支撑时做多，这点很重要。我们再来看看向上突破平台的图，股价线沿均价线上平行整理，无大的波动，在 10 点钟（符合半小时）发力，向上突破平台，是最佳的买入点，典型的向上突破平台。在此点买入，可确定第 2 天有 3% 的获利。如果在第 2 次突破时再买入（11：30 附近），第 2 天就只有 2% 的获利了。开盘急跌的买入法：开盘先涨到 1.49% 的幅度或者是低开，再下跌了 -2.6%，两者相差有 4% 的幅度，符合开盘急跌的买入法。胆大者可在第二个低点买进，最保险是在突破均价线时买入，为何？

看笔者下面的卖出法，这样，当天就有 3% 的获利。

V 字尖底，该股开盘即下跌，跌幅近 5.59%，是标准的 V 字尖底买入法，在低点买入，当天可获利 6%，这图也有点像双底买进法（如图 5-5 所示）。

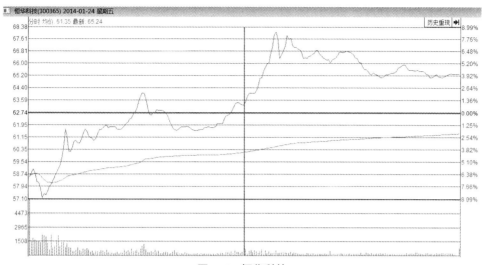

图 5-5　恒华科技

## 五、双平底

双平底指股价经过一段下跌后，在低位出现了两个同值的低点，这两个低点，就叫双平底。

特征：①股价下跌的幅度较大，一般要大于 3%。②两底的低点应为同值（第 2 底略高于前底也可，但绝不能低于前底）。③第 2 底出现后，股价线必须反转向上，且要超过均价线或"颈位线"，此时才可是"双平底"。

注意：双平底最佳买点有两处：

一是第 2 底部出现后，股价线与均价线的交点。

二是股价线向上突破颈位线的位置。

双平底形成时，股价线必须始终处在均价线之下，即第一个底部与第二个底部之间的股价线，不能向上穿越均价线。也就是说，两个低点及两底之间的颈线位高点，均只能处在均价线之下。双平底有小双平底和大双平底，均可做多。

图 5-6 是小双底和大双底的图。

## 六、三平底

三平底指股价线经过一段深跌后，先后出现了三个处在同一水平线上的低点，这三个低点，叫三平底。

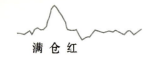

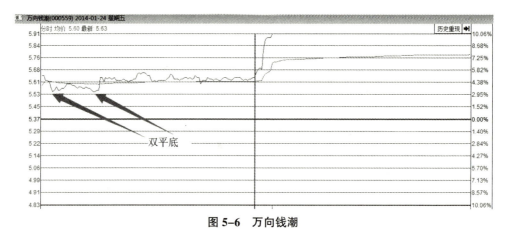

图 5-6　万向钱潮

特征：①该形态形成前，股价必须是下跌的，下跌的幅度一般要大于1.5%。②该形态形成时，股价线必须始终处在均价线之下，中途不能有超过均价线的走势，特别是"颈位线"的高点，不能超过均价线。

注意：①三平底最佳买点有两处。一是在低位出现三平底时，股价线与均价线的交点。二是股价线向上突破颈位线时买入，前提是颈位线低于均价线。②该形态的股价线与均价线之间的距离。股价线与均价线相距较近时形成的三平底，不能操作。股价线与均价线之间的距离（乖离率必须大于0.05%），距离越大，则收益就越大。③开盘后股价线下跌的幅度超过1.5%时，此时形成的三平底，才是可操作的。④依据"事不过三"原则，如果出现三次"三平底"，第三次是最可靠的。⑤在"一波三折"后出现的"三平底"，是最为可信的信号，可放心操作。

图5-7是标准的三平底买入，白色竖线条后的第三坑是最佳买点。

## 七、三步高

三步高指股价经过一段下跌后，在低位形成3个底部，且1个高于1个。

特征：①该形态形成前，股价必须应是有一段较深的下跌走势，下跌的幅度大于2%。②股价线一直处在均价线之下，中途不能有上穿均价线的走势。③三个底部的低点只能是小幅抬高，第三底的低点比第一底的低点的总升幅不能高过5%。

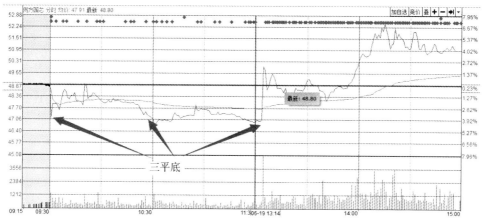

图 5-7　同方国蕊

注意：①最佳买点有两处：一是第三底形成后，股价线上穿均价线时的交点。二是股价线向上突破颈位线的位置，前提是股价线离均价线较远，且颈位线低于均价线。②这里指的是股价线处在均价线之下，而且是开盘后股价线上升到均价线之前形成的。③标准三步高是底部一个比一个高。非标准三步高可允许第一、第二个底相同，第三个底比第一、第二个底高。

图 5-8 是一个典型的三步高分时形态：

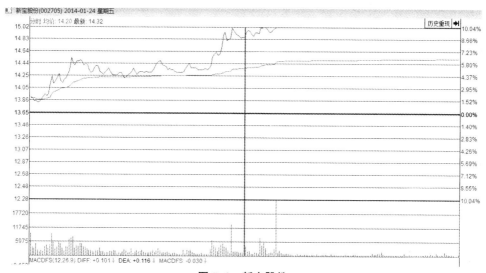

图 5-8　新宝股份

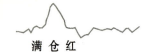

图 5-9 是个失败的三步高，理由：①开盘即高涨达 1%；②在形成三步高的时候中间的股价上穿了均价线。不符合三步高的要球，在此买入，可见其涨幅不大，不足 1%，第二天如低开，就容易被套。

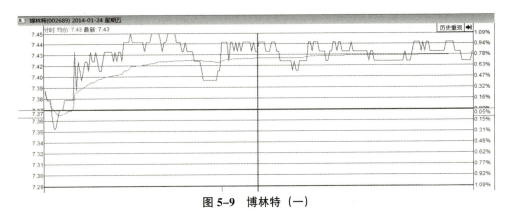

图 5-9　博林特（一）

## 八、对称涨跌

对称涨跌指开盘后，在短时间内，股价大幅向上涨，达到某一高度后（上涨大于 2%），股价突然向下，在短时间内，跌幅等于前面上涨的高度。

注意：①股价上涨必须大于 2%。②涨跌必须相等（上涨的幅度等于下跌的幅度）。③必须在上午出现才能操作，下午不买。④必须注意股价的当前位置，如在高位，不适合操作。⑤止损点在下跌点价位以下 3%。

图 5-10 是个较标准的对称涨跌买入，股价先涨 1.72%，再下跌 2.15%，跌幅基本等于前面上涨的高度，白线是最佳的买点。

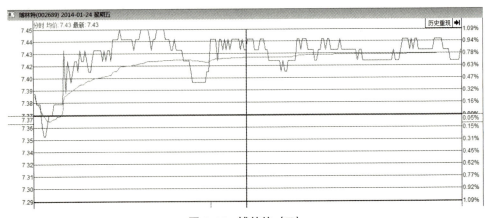

图 5-10　博林特（二）

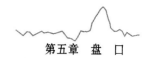

注意：因为是刚好涨跌 2%，所以收益不是很大，只有>2%，才能获得较大的利润。

## 九、突破前高

突破前高是指待股价在上升途中超过前期高点的走势。（分时突破本波的最高点和突破前期的最高点）

注意：①在超过前期波峰的高点时，第一次、第二次的突破前期的最高峰时，可以放心做多。在第三次的时候就要小心了，因为此时的股价已高，获利较难，如果在尾盘的时候股价迟迟不肯降低那么也可以再次进场。②要注意日线图的走势，只有日线处于上升趋势，且价位不高时可以放心做多，如果股价在盘整和下跌中的最高位，应当在第三波突破高峰后开始做空了。

看图 5-11 中 3 次突破时最佳买进点位到最后一步的全图：

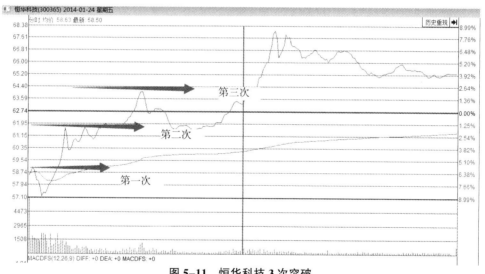

图 5-11　恒华科技 3 次突破

第一次是最佳买点，第二次是次佳买点，第三次如果不能快速封板那么就会做头，所以要小心。

## 十、一波三折

一波三折指股价线在一段下跌或上涨行情中，出现的三个下降波或三个上升

的波浪。一个波浪称为一折，三个波浪就是三折。该形态是判断行情是否见底或见顶的"航标"性指标。

特征：①要有明显的三个波动的走势形态。②三折的总波幅不能少于3%，波动的幅度越大，买进的收益就越大。③三折只能在同一波段中出现，不能跨波段（即股价线跌破均线后的一段下跌走势，或向上突破均线后的一段上涨走势）。

下降中的"一波三折"，显示的是做多信号，第三折出现是最佳买点。

上涨中的"一波三折"，显示的是做空信号，第三折出现是最佳卖点。

注意：①操作下降中的"一波三折"，注意买点的风险。最佳买点是第三折出现后，股价线刚抬头向上的第一档价位。②操作下降中的"一波三折"，注意最好分批买入，待股价上穿均价线时再第二次买入。③操作上涨中的"一波三折"，主要是做空，不能做多。最佳卖点是第三折出现后，股价线刚掉头向下的第一档价位。④操作"一波三折"，不论下降还是上升的"一波三折"，总升幅或跌幅不应少于3%，不足这点，不能操作（新手小心）（如图5-12所示）。

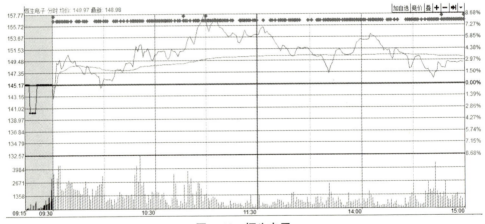

图 5-12　恒生电子

上述内容作为个人经验介绍，不作为唯一标准！

鉴于现在很多朋友手机上网看盘更方便，为了更好地服务投资者，我们特意开通了微信公众平台，专业、专心、专注，帮助您在没有硝烟的战场——股市少走弯路，寻找并学会一套适合自己的方法，尽快走上稳健收益的阳光大道。

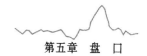

# 第四节　盘口语言突降大单

连续的单向大买单，显然非中小投资者所为，大户也大多不会如此轻易买卖股票而滥用自己的钱。大买单数量以整数居多，但也可能是零数。但不管怎样都说明有大资金在活动。如用大的买单或卖单告知对方自己的意图，像 666 手、555 手，或用特殊数字含义的挂单如 1818 手等，而一般投资者是绝不会这样挂单的。大单相对挂单较小且并不会因此成交量有大幅改变，一般多为主力对敲所致。如果成交稀少较为明显，此时应是处于吸货末期，进行最后打压吸货之时。大单相对挂单较大且成交量有大幅改变，是主力积极活动的征兆。如果涨跌相对平和，一般多为主力逐步增减仓所致。

"扫盘"——在涨势中常有大单从天而降，将卖盘挂单连续悉数吞噬，即称扫盘。在股价刚刚形成多头排列且涨势初起之际，若发现有大单一下子连续地横扫了多笔卖盘时，则预示主力正大举进场建仓，是投资人跟进的绝好时机。

"隐性买卖盘"——在买卖成交中，有的价位并未在委买卖挂单中出现，却在成交一栏里出现了，这就是隐性买卖盘，其中经常蕴含庄家的踪迹。单向整数连续隐性买单的出现，而挂盘并无明显变化，一般多为主力拉升初期的试盘动作或派发初期激活追涨跟风盘的启动盘口。一般来说，上有压板，而出现大量隐性主动性买盘（特别是大手笔），股价不跌，则是大幅上涨的先兆。下有托板，而出现大量隐性主动性卖盘，则往往是庄家出货的迹象。

"低迷期的大单"——首先，当某只股票长期低迷，某日股价启动，卖盘上挂出巨大抛单（每笔经常上百、上千手），买单则比较少，此时如果有资金进场，将挂在卖一、卖二、卖三的压单吃掉，可视为主力建仓动作。注意，此时的压单并不一定是有人在抛空，有可能是庄家自己的筹码，庄家在造量吸引注意。大牛股在启动前就时常出现这种情况。

"盘整时的大单"——当某股在某日正常平稳运行之中，股价突然被盘中出现的上千手大抛单砸至跌停板附近，随后又被快速拉起；或者股价被突然出现的上千手大买单拉升然后又快速归位，表明有主力在其中试盘，主力向下砸盘，是

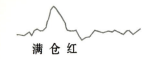

在试探基础的牢固程度，然后决定是否拉升。该股如果一段时期总收下影线，则向上拉升可能性大；反之出逃可能性大。

"下跌后的大单"——某只个股经过连续下跌，在其买一、买二、买三常见大手笔买单挂出，这是绝对的护盘动作，但这不意味着该股后市止跌了。因为在市场中，股价护是护不住的，"最好的防守是进攻"，主力护盘，证明其实力欠缺，否则可以推升股价。此时，该股股价往往还有下降空间。但投资者可留意，因为该股套住了庄，一旦市场转强，这种股票往往一鸣惊人。

另外，喜欢短线的朋友，在上述运行单技巧中，还可以结合分时 K 线进行交易，效果更佳。在实战中要注意对 15 分钟、30 分钟、60 分钟的 K 线图的技巧学习和掌握。它们在实战中，既可以得到好的抄底点，又可以及时地逃顶，乃实战中非常重要的技术。

一般来说，15 分钟的金叉死叉可以预测半天的走势，30 分钟的金叉死叉可以预测 1 天的走势，60 分钟的金叉死叉可以预测 2 天的走势。用分时图来操作短线，比日线图要精确得多，而且买卖价格更加适合。用 60 分钟威廉指标或者布林线逃顶，比日线要提前，基本上能得到理想的效果，基本用法是：60 分钟布林线中轨被跌破后全部卖光股票。用 15 分钟的均线金叉（死叉）、均量线金叉（死叉）、MACD 金叉（死叉）来买进或者逃顶的效果也相当好。用 15 分钟、30 分钟、60 分钟的 EXPMA 指标对大盘或者个股的支撑点位、压力点位的预测极其有参考价值。

在分时图上，运用日线的理论往往能收到奇效，像波浪理论、形态理论等都有大有可为的天地，并且在 T+0 方面更是操作效果甚好。

# 第五节　根据筹码分布图寻找庄家踪迹

通过筹码分布图我们可以较直观地看到市场中筹码（股票）在各档次区间的分布情况，也可以看出每一价位市场中筹码的多少，在当前股价下，有多少筹码是获利的，有多少是亏损的，获利和亏损的幅度。

同时，我们也可以通过筹码转移的速度和数量来判断市场中主力的动向。特别是筹码分布中的筹码密集区的变化，从中我们可以窥探庄家的建仓、洗盘、拉抬和派发的全过程，从而判断当前市场的性质和行情趋势，找出其中重要的支撑位和阻力位，这样就可以指导我们交易的行为。这就是筹码成本分析的重要基点，也是技术分析中，筹码成本分析的重要部分，同时筹码成本分析也是股票入门基础知识重点内容。

筹码成本分析的重要内容之一，首先是判断一只股票是否是庄股。大家都知道庄股才会有行情，才可能获得较好的收益，那么如何判断庄股呢？

（1）该卖不卖，非散户所为。我们经常看到，某只股票涨了 20% 以上，但筹码并没有任何松动的迹象，也就是说，在上涨之前的筹码密集处并没有明显地向上移动。这说明筹码在获利 20% 以上仍然保持较稳定的心态，并没有卖出，市场持股非常稳定。从这个现象可以初步判断，该股有可能是庄股，因为如果该股以散户持股为主，那么在获利 20% 以上则筹码一定会出现较大的松动，底部的筹码密集峰会随股价的上涨而上移。

（2）该逃不逃，庄家迹象。与上面相对应的还有，在大的牛市市场里，如果某只股票向下破位，下跌 20%，但市场中筹码密集区并没有向下移动，持筹稳定，这也说明该股中隐藏着目标更高的主力资金的可能。散户在股价下跌 20% 以上时，首先是恐惧，争相割肉出局。不过在这里必须说明的是，在熊市中要谨慎。

（3）低位拉升宽幅震荡，筹码急剧集中。这种现象多为主力资金快速建仓的过程。股价处于低位，短短的几天后或一两周里，筹码从以前的分散状态急速地集中到某一相应的价位里，一般散户是很难有如此大量资金在较短的时间里产生这种效果。

图 5-13 是旋极信息（300324）2012 年 6~8 月的一段日 K 线图，从右侧的筹码分布图看，股价从 27.58 元跌到 20.11 元，又涨回到 27 元附近，但筹码分布图中，在 25~27 元的密集峰变化不大。当股价从 20 元涨到 27 元时，底部 21 元附近的筹码密集区也变化不大，这说明该股有庄家存在。

满仓红

图 5-13 旋极信息

# 第六章　形　态

## 第一节　波浪理论介绍

在现实交易中，我们会发现波浪理论其实是一种事后理论，用波浪理论预测股票走势往往会犯错，这和波浪理论的由来关系密切。波浪理论是对某种证券过去价格走势经过观察、总结得出的理论。所以不要太过执着、太过迷信波浪理论，你要清楚它的优缺点，活而不僵地运用它。

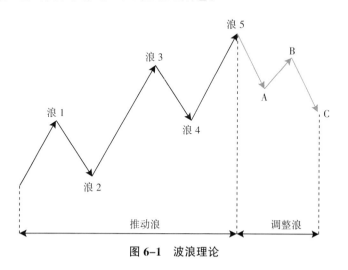

图 6-1　波浪理论

波浪理论是由美国证券分析家拉尔夫·纳尔逊·艾略特（R. N. Elliott）发明的一种价格趋势分析工具，它是一套完全靠观察得来的理论，波浪理论是目前股市分析中运用最多的分析工具，但又是最难了解和精通的理论。

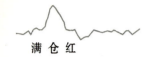

波浪理论发明者艾略特认为，不管是股票还是商品价格的波动，都与大自然的潮汐、波浪一样，一浪跟着一波，周而复始，展现出周期循环的特点。因此，投资者可以根据这些规律性的波动预测证券价格未来的走势，帮助建立相应的投资策略。

## 一、波浪理论的基本特点

（1）股价指数的上升和下跌将会交替进行。

（2）推动浪和调整浪是价格波动的两个最基本形态，而推动浪可以再分割成五个小浪，一般用第 1 浪、第 2 浪、第 3 浪、第 4 浪、第 5 浪表示，调整浪也可以划分成三个小浪，通常用 A 浪、B 浪、C 浪表示。

（3）在上述八个波浪（五上三落）完毕之后，一个循环即告完成，走势将进入下一个波浪循环。

（4）时间的长短不会改变波浪的形态，因为市场仍会依照其基本形态发展。波浪既可以拉长，也可以缩短，但其基本形态永恒不变。

## 二、波浪理论的缺陷

（1）波浪理论家对现象的看法并不统一。每一个波浪理论家，包括艾略特本人，多时会受同一个问题的困扰，即一个浪是否已经完成而开始了另外一个浪呢？千人千浪问题明显。

（2）甚至怎样才算是一个完整的浪，也无明确定义，股票市场的升跌次数绝大多数不按五升三跌这个机械模式出现。但波浪理论家却曲解说有些升跌不应该计算在浪里面。数浪太过随意和主观。

（3）波浪理论有所谓的伸展浪，有时五个浪可以伸展成九个浪。但在什么时候或者在什么准则之下波浪可以伸展呢？艾略特却没有定义。

（4）波浪理论的浪中有浪，可以无限伸延，即升势时可以无限上升，都是在上升浪之中，一个巨型浪，一百几十年都可以。下跌浪也可以跌到无影无踪都仍然是在下跌浪。只要是升势未完就仍然是上升浪，跌势未完就仍然在下跌浪中。这样的理论有什么作用？能否推测浪顶浪底的运行时间都很可疑。

（5）艾略特的波浪理论是一套主观分析工具。而市场运行受投资者情绪影响大，并且是非机械运行。生搬硬套波浪理论在千变万化的股市中十分危险，出错

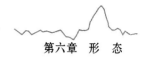
机会非常大。

从上面波浪理论的特点和缺陷我们可以得知：波浪理论是一种宏观指导工具，在指导微观操作上要谨慎；对浪的看法不一，结果是"差之毫厘，失之千里"。

# 第二节 稳健形态介绍

## 一、重要的稳赚图形——圆底

无论是市场主力也好，散户投资者也好，都不得不服从市场本身的规矩，任何企图扭转大势的努力都是徒劳的。当股市容量越来越大的时候，股价走势本身所应有的规律性便越来越显现出来。在所有这些股价走势的规律中，最直观的就是股价走势形态了，俗称图形。这一章所讲的寻找稳赚图形，实际上就是发现那些良好的走势形态，借助这些形态来挖掘市场走向的本质，从而捕捉到最能带来丰厚利润的个股。

第一个介绍的稳赚图形就是圆底，之所以把它摆在第一位是因为历史证明这个图形是最可靠的。同时，这个图形形成之后，由它所支持的一轮升势也是最持久的。在圆底的形成过程中，市场经历了一次供求关系的彻底转变，好像是一部解释市场行为的科教片，把市势转变的全过程用慢镜头呈现给所有投资者。应该说，圆底的形态是最容易发现的，因为它给了充分长的时间让大家看出它的存在。但是，正是由于它形成所需时间较长，往往反而被投资者忽视了。

圆底是指股价在经历长期下跌之后，跌势逐渐缓和，并最终停止下跌，在底部横一段时间之后，又再次缓慢回升，终于向上发展的过程。我们说圆底是一个过程而不仅仅是一张图，由股价所描绘的图形仅仅是这个过程的表象。

当股价从高位开始回落之初，人们对股价反弹充满信心，市场气氛依然热烈，因此，股价波动幅度在人们踊跃参与之下显得依然较大。但事实上，股价在震荡中正在逐渐下行。不用多久，人们发现这时的市场中很难赚到钱，甚至还常常亏钱，因此参与市场的兴趣逐渐减小。而参与的人越少，股价更加要向下跌，

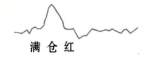
离场的人越来越多。

然而，当成交量越来越小的时候，经过长时间的换手整理，大家的持股成本也逐渐降低，这时候股价下跌的动力越来越弱，因为想离场的人已经离场了，余下的人即使股价再跌也不肯斩仓。这样，股价不再下跌。但是这时候也没有什么人买进股票，大家心灰意冷。这种局面可能要持续相当长一段时间，形成了股价底部横盘的局面。

这种横盘要持续多久很难说，有时是几个月甚至几年，有时候几个星期，但我们有兴趣的是，这种局面早晚会被打破，而盘局打破的这一现象的实质是市场上出现了新的买入力量，打破了原有的平衡，因而迫使股价上行。

事情的发展总是循序渐进、水到渠成的，当新的买入力量持续增强的时候，说明市场筑底成功，有向上发展的内在要求。于是形成了圆底的右半部分。

当股价在成交放大的推动下向上突破时，这是一个难得的买入时机，因为圆底形成所耗时间长，所以在底部积累了较充足的动力，一旦向上突破，将会引起一段相当有力而持久的上涨，投资者这时必须果断，不要被当时虚弱的市场气氛吓倒。

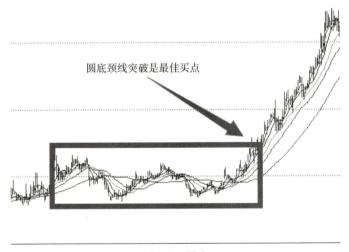

圆底颈线突破是最佳买点

图 6-2　圆底

圆底的主要特征：

（1）打底的时间较长。

（2）底部的波动幅度极小，成交量极度萎缩。

（3）股价日 K 线与各平均线叠合得很近。

（4）盘至尾端时，成交量呈缓步递增，之后就是巨量向上突破阻力线。

（5）此形态是在经历了大幅下跌之后形成的。

## 二、重要的稳赚图形——双底

前面讲过，随着市场容量的扩大，技术分析在股市中的作用也越来越大。正因为市场上有太多的个人机构都依据图形来操作，图形的影响力也就越来越大，因此，对于一个完整漂亮的图形不应有所怀疑，更应该相信它。庄家机构只能短时间内影响股价，无法长期控制股价去形成一个大的形态。

除了圆底之外，另一个可靠的底部形态是双底。选股的时候，在实战中运用最多的也就是这种图形。双底形成的时间比圆底短一些，但它常常也具有相当强的攻击力。

一个完整的双底包括两次探底的全过程，也反映出买卖双方力量的消长变化，在实际走势当中，形成圆底的机会较少一些，反而形成双底的机会较多。因为市场参与者们往往难以忍耐股价多次探底，当股价第二次回落而无法创底的时候，投资者大多开始补仓介入了。每次股价从高水平回落到某个位置，自然而然地发生反弹之后，这个低点就成为一个有用的参考点。市场上许多人都立即将股价是否再次跌破此点当成一个重要的入市标准。同时，股价探底反弹一般也不会一次就完成，股价反弹之时大可不必立即去追高。一般来讲，小幅反弹之后股价会再次回落到接近上次低点的水平，这时候应该仔细观察盘面，看看接近上次低点之后抛压情况如何，接盘情况如何，最佳的双底应该是这样的：即股价第二次下探时成交量迅速萎缩，显示出无法下跌或者说没有人肯抛的局面。事情发展到这个阶段，双底形态可以说成功了一半。

那么另一半决定于什么呢？决定于有没有新的买入力量愿意在这个价位上接货，即有没有主动性买盘介入。一般来讲，股价跌无可跌时总有人去抄底，但有没有人愿意出稍高的价钱就不一定了。如果股价二次控底之时抛压减轻，但仍然无人肯接货，那么这个双底形态可能会出问题，股价在悄无声息中慢慢跌破上次低点。这样探底就失败了。只有当二次控底时抛压极轻，成交萎缩之后，又有人愿意重新介入该股，二次控底才能成功。在这种主动性买盘的推动下，股价开始上升，并以比第一次反弹更大的成交量向上突破，这个双底形态才算成功。看盘

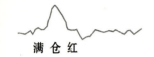

高手会在股价第二次控底的时候就发现这是不是一个成功的双底，并立即作出买卖决定，但是我们建议大家等到双底确认完成之后，即向上突破颈线之后再介入该股，这样风险小得多。

严格意义上的双底往往要一个月以上才能形成，但是，有许多短线高手乐意在小时图或十五分钟图上寻找这种图形。这也是一种有效的短线操作方法。但一样要小心的是，一个分时图上的双底形成之后，不能认为日线图上的走势也改变了，因为分时图的形态能量不足以改变日线图的走势。

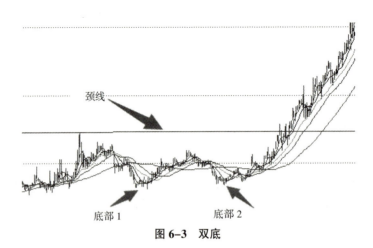

图 6-3  双底

双底的重要特征：

（1）股价两次探底，第二次底位不低于第一次底位，常常是第二次低位稍高一些。

（2）第一次探底成交量已经大幅萎缩，反弹自然发生。

（3）第二次下跌时成交量更小。

（4）第二次上升时有不少主动性买盘介入，成交量放大明显。

（5）以大阳突破。

## 三、重要的稳赚图形——突破上升三角形

前面讲的两种稳赚图形都是底部形态，在那时候买入当然最好，风险最小，收益最大。还有一些令你赚钱的图形是发生在股价上升途中的。

股价的上升犹如波浪推进，有涨有落但总趋势向上，也就像长途跑步一样必须休息。股价整理的意义就在于休整，如果不整理，股价不可能有能力再向上冲。

对于短线炒手来讲,股价休整的时候可暂时退出观望,或者抽出资金来买入那些休整结束重入升势的股票。如今股票市场中一个很大的特点就是,每天都有许多股票正在盘整,也有一些股票正完成盘整开始新的上升。这样就给投资者以很大的选择余地。

在各种盘整走势中,上升三角形既是最常见的走势,也是最标准的整理形态。抓住刚刚突破上升三角形的股票,足以令你大赚特赚。

股价上涨一段之后,在某个价位遇阻回落,这种阻力可能是获利抛压,也可能是原先的套牢区的解套压力,甚至有可能是主力出货形成的压力,总之,股价遇阻回落。在回落过程中,成交量迅速缩小,说明上方抛盘并不急切,只有在到达某个价位时才有抛压。由于主动性抛盘不多,股价下跌一些之后很快企稳,并再次上攻。在上攻到上次顶点的时候,同样遇到了抛压,但是,比起第一次来这种抛压小了一些,这可以从成交量看出来,显然,想抛的人已经抛了不少,并无新卖盘出现。这时股价稍作回落,远远不能跌到上次回落的低位,而成交量更小了。于是股价便自然而然地再次上攻,终于消化掉上方的抛盘,重新向上发展。在上升三角形没有完成之前,也就是说在没有向上突破之前,事情的发展方向还是未知的,如果向上突破不成功,很可能演化为头部形态,因此,在形态形成过程中不应轻举妄动。突破往往发生在明确的某一天,因为市场上其实有许多人正盯着这个三角形,等待它完成。一旦向上突破,理所当然地会引起许多人的追捧,从而出现放量上涨的局面。

上升三角形形成过程中是难以识别的,但是通过股价第二次回挡时盘面情况的观察,可以有助于估计市势发展的方向。特别是对于个股走势判断,更加容易把握,因为现在的公开信息中包括三个买卖盘口的情况和即时成交情况,只要仔细跟踪每笔成交,便可以了解该股回挡时抛压及下方支撑的力度,并分析是否属于自然的止跌,如果属于庄家刻意制造的图形,则支撑显得生硬勉强,抛压无法减轻。

上升的三角形的上边线表示的是一种压力,在这一水平上存在某种抛压,而这一抛压并不是固定不变的,一般来说,某一水平的抛压经过一次冲击之后应该有所减弱,再次冲击时更进一步减弱到第三次冲击时,实质性的抛盘已经很少了,剩下的只是心理压力而已。这种现象的出现,说明市场上看淡后市的人并没有增加,倒是看好后市的人越来越多,由此可见,股价向上突破上升三角形的时

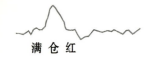
候，其实不应该拖泥带水，不应该再有怎样大的阻力，这就是判断是否是一个真实的突破的关键。

然而，如果在股价多次上冲阻力区的过程中，抛压并没有因为多次冲击而减弱，那只能说明市场心态本身正在转坏，抛压经过不断消耗反而没有真正减少，是因为越来越多的人加入了空方的行列，这样的话，在冲击阻力过程中买入的人也会逐渐失去信心，转而投降到空方阵营之中去。这种情形发展下去，多次冲击不能突破的顶部自然就成为了一个具有强大压力的头部了，于是三角形失败，成为多重顶。

相信读者现在已经对上升三角形的本质有了具体而充分的认识。在这种认识的基础上去识别形态，那才是胸有成竹，而捕捉住具有完美上升三角形的个股，想不赚钱都难（如图6-4所示）！

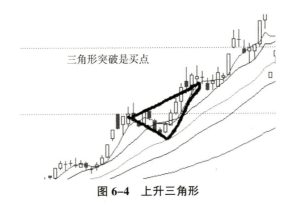

三角形突破是买点

图 6-4　上升三角形

上升三角形具有以下特征：

（1）两次冲顶连线呈一水平线。

（2）两次探底连线呈上升趋势线。

（3）成交量逐渐萎缩，在整理的尾端时才又逐渐放大并以巨量冲破顶与顶的连线。

（4）突破要干净利索。

（5）整理至尾端时，股价波动幅度越来越小。

## 四、重要的稳赚图形——突破矩形

如果你已经理解了三角形的本质，那么识别矩形整理也是十分容易的事情。

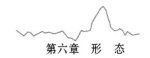

矩形整理的分析意义与上升三角形完全相同，只是股价每次下探时都在同一水平获得支撑，而不是像三角形那样低点逐步上移。

矩形常常被人们称为股票箱，意思是股价好像被关在一个箱子里面，上面有盖，下面有底，而股价在两层夹板之间来回运动。如果这种来回运动具有一定的规律性，即上升时成交量放大，下跌时成交量缩小，并且随着时间的推移成交量整体上呈现缩小的趋势，那么这个矩形是比较可靠的。

矩形常常是在主力机构强行洗盘下形成的，上方水平的阻力线是主力预定的洗盘位置，下方的水平支撑线是护盘底线，在盘面上我们有时可以看到股价偶尔会跌破支撑线，但迅速回到支撑线之上，这可能是主力试探市场心态的方法。如果一个重要的支撑位跌破之后，市场并不进一步下挫，这充分说明市场抛压几乎已经穷尽，没有能力进一步下跌。

矩形有一个量度升幅，即当矩形向上突破之后，最小要向上升这个矩形本身的高度那么多。这种量度升幅是某种经典的理论，它在我们的股市中有多大的可信度还有待观察。但有一点可以肯定，即大的矩形形态比小的可靠得多。

股价在股票箱中来回震动的次数可多可少，这决定于市场的需要。震动的次数越多说明市场浮码清洗越彻底，但要记住，震动的尾声必须伴随着成交量的萎缩。

在实战中，完全标准的矩形并不常见，股价走势常常在整理的末段发生变化，不再具有大的波幅，反而逐渐沉寂下来，高点无法达到上次高点，而低点比上次低点稍高一些，这种变形形态比标准的矩形更为可信，因为在形态的末端市场已经明确地表达了它的意愿，即说明调整已到末端，即将选择方向。因此，真正的突破不一定发生在颈线位置上，真正的看盘高手不必等到突破颈线才进货。因此这就需要更细致的看盘技巧。

到这里为止，我们已经介绍了四种比较可靠的稳赚图形，从形态分析的角度来看，包括了两个底部形态和两个顶部形态。对于一个完全领略了形态分析精要的投资者，形态的图形本身已不重要。重要的东西在图形之外，在市场多空力量的对比，在市场气氛，而图形只不过是市场状态的表象而已。所以，掌握了形态分析精要，就基本上掌握了市场特有的逻辑，就能做到"一把直尺闯天下"（如图 6-5 所示）。

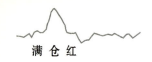
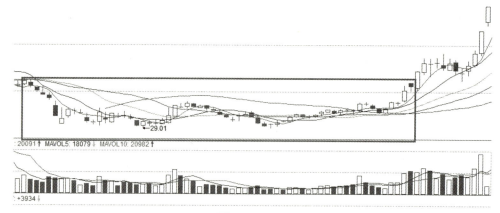

图 6-5　矩形

矩形的特征如下：

（1）盘整时间较长。

（2）上升压力线平行于支撑线。

（3）突破阻力线时必须伴随大的成交量。

（4）盘整期越久，将来突破之后行情就越大。

## 五、强势股的走势特征

随着市场上个股之间走势分化情况日趋严重，投资者选股的能力显得越来越重要。大市的走势必定是波动式的，有升也有跌，只要整体趋势向上，我们就说大市向好。然而个股走势有时并非完全依照大市波动，当指数回调时，总有那么一些个股不跌，甚至反而上升，这些个股往往是强势股。

当然，并非所有大市回调时反而上升的个股均可称为强势股，因为市场中有一种庄家专门逆势操作，即大市上升时它不升，大市下跌时它异军突起。对于这一类股票，我们不称它们为强势股，因为它们的势并不强，只是逆大市而动而已。庄家这样操作的理由主要是，这种股票容易引起投资者的注意，当大市下跌时它名列涨幅榜上，那当然引人注目，于是总会有人跟风。同时，当大市上升时它不升，则是为了易于派发，如果指数已经升了相当大一段，自然有人去寻找那些涨幅不大的股票买入，以期待补涨。总之，逆势而为的股票纯属庄家行为，不是我们所说的强势股。

强势股是指大市回挡时它不回挡，而以横盘代替回挡；当大市重新向上时，

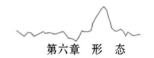

它升幅更为猛烈的个股。这种股票一般具有好的市场属性，有长庄把守，有坚实的群众基础。大市下跌时，持该股的投资者根本不会动摇持股信心，庄家也全力护盘，不让股价下跌，一旦大市转强，庄家立刻奋力上拉，而散户也大加追捧。

抓住这种股票是最舒服、最放心的，识别这种股票也不难。凡是个股 K 线图以横向整理代替回挡者，表示有主力长期驻守，市场持股者亦看好后市，所以卖压极轻，浮动筹码少，往往使此股呈稳健上升之势。

同样的时间，同样的大势，不同股票的表现有天壤之别，所以必须尽量选择强势股操作，到图形上去选择你的强势股，平常可以不做股票，等到漂亮的图形出现，只抓住强势的，稳赚的股票介入，这样才能使你的资本快速扩张。记住，受伤一次往往要很久才能复原，恢复元气的时间是一种痛苦的等待，这是许多市场老手的经验。等待良好的图形出现，等待强势股出现，这是成功操作者必备的修养。

## 六、结论

（1）选股务必根据图形，千万不要怀疑完整而漂亮的图形。

（2）应选择当时市场的热门股。热门股往往是最强势的股票。

（3）选股应做投资组合，以应付轮涨，图形漂亮的股票不止一个，唯有做投资组合才能提高战果。

（4）最稳健的操作手法还是选择探底完成的个股，因为这时利润大于风险，但投资者应能看出何时要发动攻势，以免资金被压在里面。探完底的股票发动之前必有巨大的成交量发出信号。

（5）探底已久，低位出现多次跳空的股票要特别注意，因为这些股票卖压已经消耗干净，浮动筹码已经很少，筹码稳定性好，供求关系正处于强烈不平衡之中。

（6）无论探底的时间有多长，不见到底部完成，不能放量，则不进场。

（7）应重视个股的表现，不能被大势所迷惑。

图形的判断必须配合成交量，否则无法精确把握股价走势。

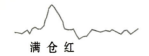

# 第三节　主升浪操作技巧

　　主升浪是指主力获利拉升区域；主力坐庄过程中，会选择在低位吸筹，捡到足够低廉的筹码；主力要想获利，就必须进入主升浪，拉升股价；当主力完成获利目标之后，就会选择在高位出货，这是主力坐庄的必要三部曲。

　　何为主升浪？我们以隆基股份为案例来进行讲解。

　　图6-6右边急速拉升区域，即为主升浪区域，也就是主力获利翻倍区域。

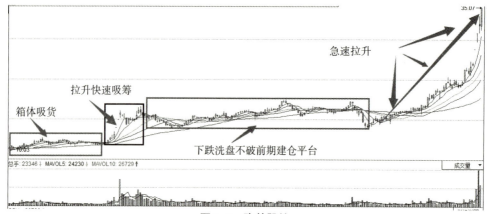

图 6-6　隆基股份

　　一只翻倍股，首先要是一只黑马股，只有黑马股才能走出这样波澜壮阔的行情。一只股票没有进入主升浪之前，我们该如何判断它是不是一只能走出翻倍行情的黑马股呢？黑马股又有什么样的特征呢？

　　经过笔者的实战发现，很多黑马股都有四大特征：

　　（1）股价长期单边下跌，跌幅超过60%【深度】。

　　（2）股价不再创新低之后，底部放堆量【量能汇集】。

　　（3）主力控盘，主力资金不断创新高【筹码集中】。

　　（4）股价处于水手突破强势通道【加速拉升】。

　　我们以海得控制为案例进行讲解（如图6-7所示）。

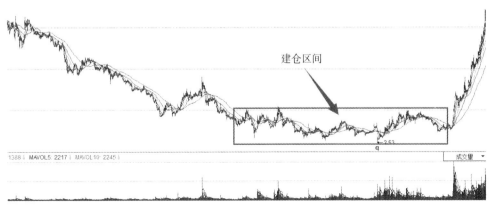

建仓区间

图 6-7　海得控制

首先，此股从 18.07 元，长期单边下跌，最低点 4.33 元，跌幅甚至超过 70%；一只股票只有价格足够低廉，才能引起主力去建仓吸筹，很少有主力愿意在高位去建仓吸筹的。成本越低越好，越低后期才能做得越高，收益也越高。

其次，股价不再创新低之后，底部出现堆量，也有一个量能的汇集。

最后，我们就要看经传软件特色指标了。通过主力控盘与主力追踪指标，检测主力建仓过程。

从图 6-8 中可以发现，股价双脚探底之后，主力资金不断增仓买进；同时，主力资金的进场，转换成筹码，当主力的筹码逐渐增多的过程中，逐渐对股价产

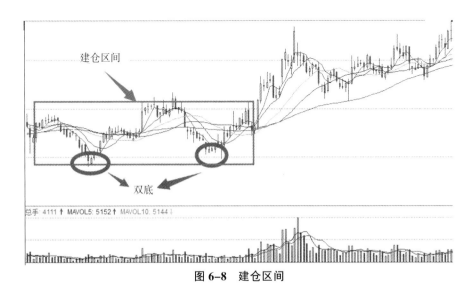

建仓区间

双底

图 6-8　建仓区间

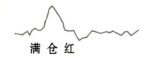

生控盘能力，同时，随着筹码进一步的增加，主力控盘程度不断地上升。

看最后一个，主力进入主升浪之后，就会加速拉升；通过经传指标——水手突破，进行监控（如图6-9所示）。

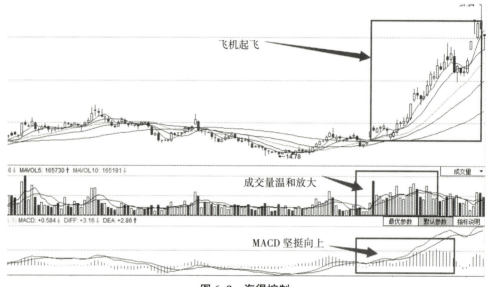

**图6-9　海得控制**

通过海得控制的分析，经传软件用户朋友可以看厦华电子、精艺股份、福耀玻璃等所处的状态。

对黑马股特点研究非常感兴趣的经传用户朋友，还可以看佛山照明、桑乐金、烟台冰轮、物产中拓、均胜电子、泰胜风能等股票主力坐庄过程。

当我们了解黑马股的特征之后，我们只能说这只股票有跑出翻倍行情的潜力，并不代表它一定会有主升浪；那么我们该如何判断它进入主升浪了呢？它进入主升浪的时候有什么样的形态特征呢？

黑马股要进入主升浪，必定要进行股价突破，经过笔者的长期研究，发现两种非常好把握的形态突破，即矩形突破和三角形突破。

（1）我们先看矩形突破。以烟台冰轮为例。

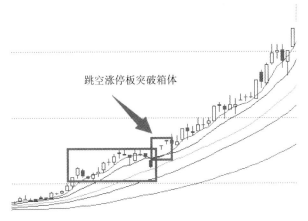

跳空涨停板突破箱体

图6-10 烟台冰轮

（2）翻倍形态的三角形突破，三角形突破标准图形。

标准三角形突破理论图形如图6-11所示，还有口诀：一不涨，二不过，三突破，突破回踩确认拉主升浪，横有多宽，纵有多高，也就是翻番理论。

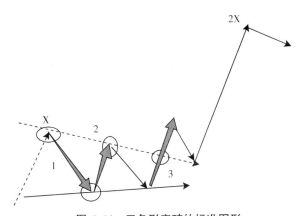

图6-11 三角形突破的标准图形

我们以均胜电子为例：这是形态突破上的识别，当我们识别了黑马股进入主升浪时的突破形态，那么，黑马股进入主升浪之后，又会有怎样的特征呢？只要是一个中长线黑马股，一旦进入主升浪，就必定会成为一只控盘强势股。

控盘强势股特征：

（1）趋势明显走好，处于明显的上升通道中（股价在智能辅助线上方）；

（2）主力资金持续向上（角度大于30°更好）；

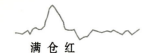

（3）主力控盘度连续增加（刚进入红色高控盘更好）；

（4）趋势处于强势状态（水手突破指标显示趋势处于黄色或者粉色强势通道）。

我们看烟台冰轮（跳空涨停板箱体突破进入主升浪）（如图 6-12 所示）。

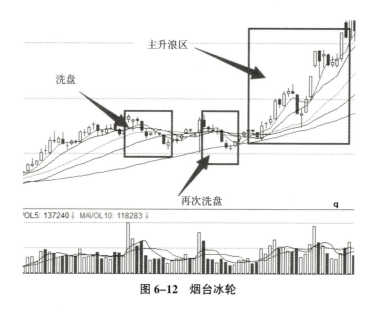

图 6-12 烟台冰轮

再看均胜电子的三角形突破进入主升浪，如图 6-13 所示。

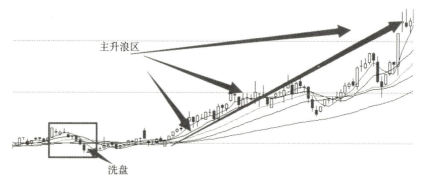

图 6-13 均胜电子

146

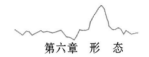

# 第四节　股票运行形态分析

## 一、平台盘整的特点

（1）K线组合形态在总体上呈横向排列，这个形态最明显的特征是5日均线呈现水平状。

（2）通常在10个交易日内构筑完毕（偶尔会超出）。

（3）10日均线保持向上势头（对横向移动的5日均线起到助长作用）。

（4）在平台构筑的尾声一般（并不绝对）会出现"地量小K线"现象。如图6-14所示。

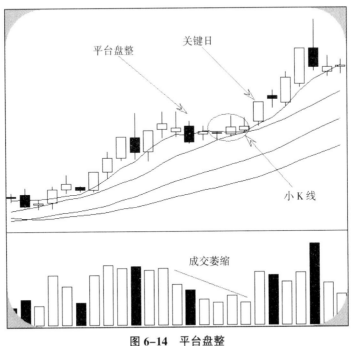

图 6-14　平台盘整

在图6-14中，我们看到了一个标准的平台盘整形态。除了图中标示的部分外，我们还能看到5日均线的横向移动、10日均线的坚挺上扬等构成要素。

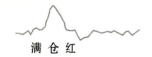

在这里需要提醒的是，实战中并不是总能遇到如此标准的平台走势，大家千万不要照本宣科。一定要充分了解每个价格形态形成的本质。就这个形态来说，关键在于股价的横向移动和其洗盘整理的本质。如果能够满足这两点，即便它并不完全和这个形态的常见特点相吻合，也可以作为平台盘整来对待。

## 二、5 日均线弯至 10 日均线的特点

（1）10 日均线坚挺上扬。

（2）5 日均线下弯，向 10 日均线靠拢，但不会下穿 10 日均线（或下穿幅度非常微小，并迅速收回）。

（3）K 线可能会落在 5 日均线、10 日均线下方，不要在乎日 K 线在上面还是在下面，哪怕下来的阴线还不小，只要量不太大，再是前期高点不是明显的头部，伴随的成交量也不是一大堆，都值得留意（如图 6-15 所示）。

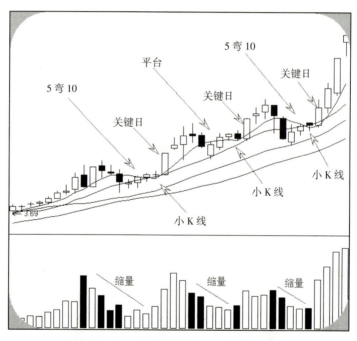

图 6-15　5 日均线弯至 10 日均线特点

图 6-15 是一张堪称"精美"的图例。在这段上涨趋势中，先后出现了两个标准的 5 弯 10 形态，具备前边提到的有关该形态的所有特点。笔者想，每个对

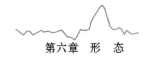

5 弯 10 形态情有独钟的朋友，看到这样的图形大概都会兴奋地咽口水。

除此之外，我们还注意到，在两个 5 弯 10 中间还出现了一个平台盘整形态，而且看上去和 5 弯 10 形态非常相似，这就引出了另外一个话题：实战中该如何区分这两种形态。对于这个问题，我们将在后文专门讨论。

### 三、回调形态的主要特点

（1）股价下调幅度较深。

（2）5 日均线轻易下穿 10 日均线，并在 10 日均线下方滞留若干交易日。

（3）止跌企稳后会维持数日的底部盘整，然后再重新上涨。

（4）回调形态是指在上升趋势没改变的前提下第一次下调，不可和几波形成的下降趋势的回调相提并论。

图 6-16 显示了一个标准的回调形态。图中，5 日均线轻易下穿 10 日均线，在经过几个交易日的底部缩量盘整后，随着关键日的出现，迎来一个新的上涨波段。

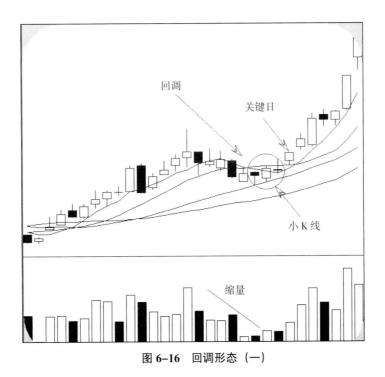

图 6-16　回调形态（一）

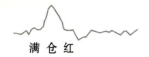

满仓红

通过以上三种形态的例证，可以清楚地看到股价在上升趋势中，构筑规模较大的形态，是上升趋势得以延续的中继基础，是波段行情上涨的又一新的起点。

此外，在我们的实战应用过程中，关注上面三个形态，最终是为了抓住股价调整结束之后的再启动，但对在调整期间出现的假启动不能不防……这种假启动，经常发生在波段的头部或形态的构建当中，具有很大的欺骗性和诱惑性，凡有头部的地方，都常有诱高身影的存在。

## 四、回挡的主要特点

回挡形态是启动一日阳线之后没有紧接着连涨，而是停下来滞涨整理，其单日表现形态主要包括小上影、十字星、小阴线、腹中胎等，回挡仅一天，中或大阳带的小 K 线，刚刚带动 5 日均线向上翘头，K 线与 5 日均线之间有较大距离空间，另外回挡时成交量有大有小，不像其他两个整理形态应是缩量递减（如图6-17 所示）。

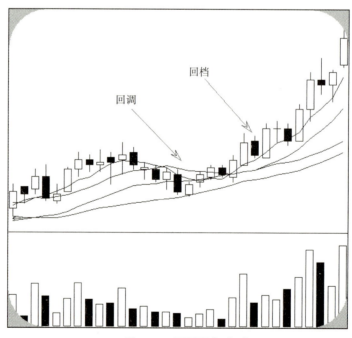

图 6-17　回调形态（二）

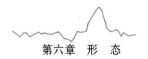

在图 6-17 中，刚刚结束了一个较大的回调形态，在股价放量突破前期高点之后，为了清洗两天上涨带来的浮筹，出现了一个缩量小阴线回挡形态。有些朋友可能对回挡和回调的概念分不清，这张图对这个问题做了最好的解释。

## 五、短暂整理形态的特点

短暂整理形态，比回挡整理时间长点，长也长不多，也就是 2~3 天，短暂整理在 3 个小形态当中是最常见的，其间成交量递减至地量，上没有头部征兆、下有 5 日线顶着。

图 6-18 的这段上扬波段中共出现了 3 次短暂整理形态（中间的一次看作稍长整理也没关系），其共同特点都是 K 线收敛的同时伴随着成交量萎缩，并且都得到了 5 日均线的支撑。

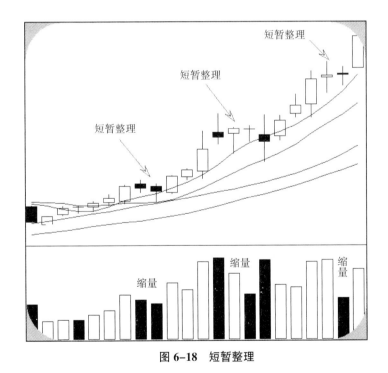

图 6-18 短暂整理

## 六、稍长整理形态的特点

稍长整理又比短暂整理要长几天，大概多 1~2 天。因有时末端 K 线被 5 日均线穿膛而过，因此，稍长整理形态比短暂整理形态较为难看些，还有一点是 5

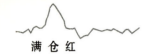

日均线暂不作助涨，取而代之的看点是稍长整理形成的实体箱体。

最长的稍长整理至多也不过 5 天，若超过 5 天以上，股票就会压迫 5 日均线走平，继而压弯 5 日均线。5 日均线只要走平或下弯，再出现的形态就不属于波段的范畴了，属于波段之外趋势之中的事情，那时就得需要用大形态的平台、5弯 10、回调来应付。

图 6-19 连续出现了 3 个稍长整理形态，都由 4 个交易日构成，其主要特点是 5 日均线基本一直保持向上的态势（不走平，不下弯），并且 5 日均线会穿过该形态末尾的一两根 K 线。

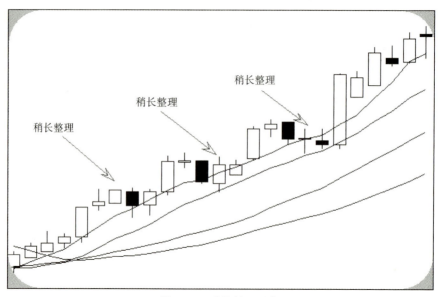

**图 6-19　稍长整理形态**

3 个小形态介绍完了，在实战中应用这 3 个小形态时，应该尽量介入在大形态启动的一两根阳线之后的整理结束时，越往上越不安全，每个波段头部也都有这些小形态影子出现，不可一味地都作为能突破再涨的蓄势形态对待。

尽管这 6 种经典形态都有各自的特点，但是有些形态"长得"实在太像了，似乎很难区分。容易出现这个问题的形态主要是 5 弯 10、平台、回调、稍长整理 4 个形态。

5 弯 10 形态的最明显标志是 5 日均线向 10 日均线下弯而不下穿（或者下穿幅度非常小），构成该形态的 K 线排列略向下倾斜。

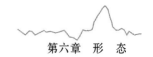

平台盘整的最明显标志是 5 日均线的横向移动，构成该形态的 K 线呈横向排列。平台盘整的走势看上去要强于 5 弯 10 形态。

关于这两个形态的区别，我们可以参考前面讲 5 弯 10 形态时曾经出现过的图 6-15，在那张图里，两种形态最主要的区别就体现在 5 日均线的走向上。为了加深印象，下面再补充一个更易辨别的图例，如图 6-20 所示。

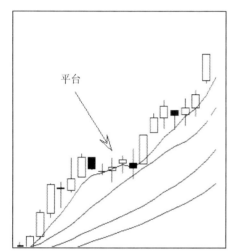
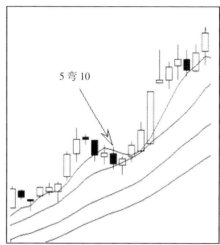

图 6-20　平台盘整与 5 弯 10 形态比较

回调形态的最明显标志是 5 日均线轻易下穿 10 日均线，这种下穿很明显，而且一般会保持若干个交易日。回调形态一般耗时比 5 弯 10 形态要长，并且 K 线排列明显向下倾斜，这点和平台整理完全不同。

稍长整理形态最主要的标志是 5 日均线基本一直保持着上扬态势，既不下弯，也不走平。构成形态的 K 线数量不会超过五只并且这些 K 线全部站在 10 日均线之上。

尽管按照上面这些方法能够正确辨别大多数形态，但是实战中还是有些形态实在难以区分。

在图 6-21 中，一个 5 弯 10 形态出现后不久，又出现了一个形态，这个形态非常接近 5 弯 10 形态，又很像回调形态，那我们该叫它什么呢？

再看一例：

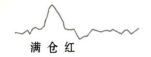
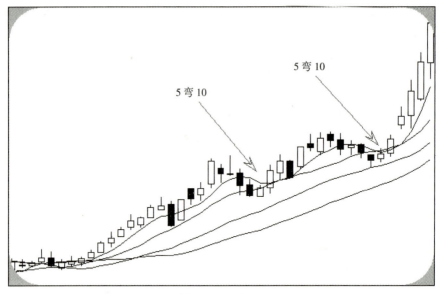

图 6-21　5 弯 10

　　图 6-22 中标示了两个形态，乍看上去，应该都看作稍长整理形态，但形态 1 中曾经有 K 线打穿了 10 日均线；如果把形态 1 看作 5 弯 10，却又出现了 5 日均线的横向移动；如果看作平台盘整，其 K 线排列却明显向下倾斜。形态 2 如

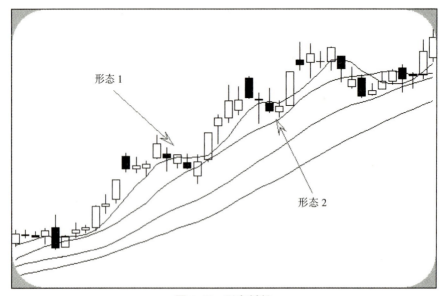

图 6-22　形态判断

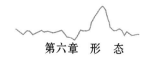

果看作稍长整理，5 日均线却出现了弯头，而看作 5 弯 10 的话，5 日均线却与 10 日均线距离很远。到底该叫它们什么呢？

# 第五节　反转形态—头肩底

　　头肩底是一种典型的趋势反转形态，是在行情下跌尾声中出现的看涨形态，图形以左肩、底、右肩及颈线形成。三个波谷成交量逐步放大，有效突破颈线阻力后，形态形成，股价反转高度一般都大于颈线与最低点之间的垂直高度。

图 6-23　头肩底

　　头肩底形态，主要由四大基本要素构成，也是作为判定某一段趋势是否可能发生扭转的依据（如图 6-23 所示为 2010 年 10 月行情）。

　　（1）表示原有趋势为下跌趋势；

　　（2）表示左肩下跌力度相对较大，下跌到头部力量减弱，随后的上涨高于左肩低点；

　　（3）表示右肩下跌力度再次减弱，无法创出新低；

　　（4）表示有效向上突破颈线确认。

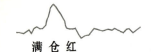

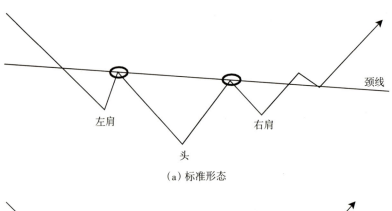

（a）标准形态

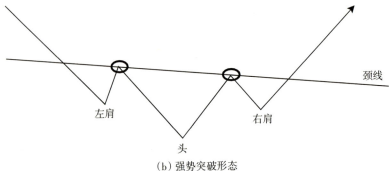

（b）强势突破形态

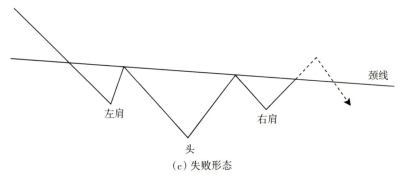

（c）失败形态

图 6-24　三种形态

注意事项：

第一，颈线不一定是平行的，可以向上或向下倾斜。

第二，头肩底有时会出现一头多肩或多头多肩的转向形态，此类形态较为复杂，但万变不离其宗。

第三，头肩底形态突破颈线时必须要有量能剧增才能算有效。颈线突破的时间标准为超过 3 天，空间标准超过颈线市价 3%。若是股价向上突破颈线时成交量并无显著增加，很可能是一个"假象突破"，从而走出失败的形态。

第四，类似于双底算法，当颈线突破后，我们可以从头部的最高点画一条垂直线到颈线，然后在完成右肩突破颈线的一点开始，向上量出同样的长度，由此量出的价格空间就是该股将上涨的最小的理论升幅。

第五，在突破颈线后可能会出现暂时性的回调，但回调低点不应低于颈线。如果回调低于颈线，甚至还低于头部，这是一个失败的头肩底形态。

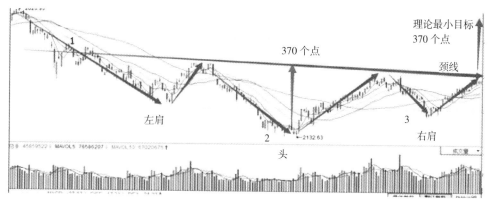

图 6-25　头肩底形成

如图 6-25 所示为当前市场行情，目前头肩底的形态已经成形，只待颈线位的有效突破。A 股市场一向属于政策性推动市，特别是自 2132 点的低点以来，各项刺激政策不断出台，蓝筹股的价值被发现。

头肩底形态形成过程，股价向上突破本轮下降趋势线为第一买点；当头肩底颈线突破时，为第二买入信号；当股价回调至颈线位置时为第三个买点，此时虽然股价和最低点比较，已上升一段幅度，但升势只是刚刚开始，尚未买入的投资者应该继续追入。

（1）在回抽颈线位时买入，适于稳健型投资者，但如果遇到走势强劲的黑马股，往往突破之后不做回抽，可能会因失去机会而令人失望。

（2）在突破颈线位当天收市前买入，适于进取型投资者，但由于追进价较高，可能要承担回抽时暂时套牢，也可能是无效突破而高位套牢的风险。

（3）更为大胆的投资者为获取更大利润，往往在头肩底的右肩形成中即开始建仓，也就是根据一般情况下形态对称的特性，在右肩接近左肩低点时买入。

头肩底形态和头肩顶的形状一样，只是整个形态倒转过来而已，是最常见也

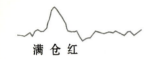

是比较可靠的反转形态。理解了头肩顶形态之后，再理解头肩底就容易多了，二者具有意义相仿的特点，只不过头肩顶出现在市场的顶部，头肩底出现在市场的底部。

# 第六节　几种经典的"黑马"形态

## 一、经典黑马形态之美人肩

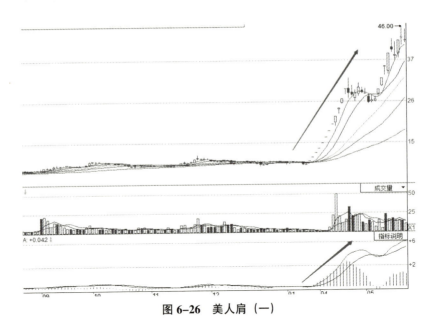

图 6-26　美人肩（一）

1. 定义

美人肩是强势庄股特有的形态，它表明的是主力对该股非常看好，舍不得让股价回落下来给其他人逢低吸纳的机会，他自己每天买一点就买上去了，同时也表明在市场上的浮动筹码极少。最后主力越看越喜欢，就干脆放量突破拉升了，这就是美人肩的内涵（如图 6-26 所示）。

如图 6-27 所示，A、B 是上升美人肩，C、D 是下跌美人肩。在 K 线图上，回挡深了，B 点如低于 A 点，就不美啦！我们要寻找 A 点低于 B 点的走势，就

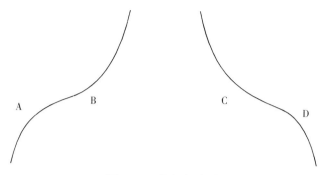

图 6-27　美人肩（二）

要找 5 日均线与 10 日均线不黏合的走势。

2. 要点

一个完美的美人肩，除了"形似"以外，还要有量的配合。近期的成交量放大，OBV 曲线向上开口。

股价在第一波放量建仓之后，往往进入缩量洗盘阶段，这个时候个股将出现分化，对于那些弱庄股将出现回挡较深，5 日、10 日均线死叉的情况，而有相当少部分的股票会出现股价并不下跌，缩量盘整或盘升的状态，这个时候 5 日、10 日均线保持通气，只要能量注入，成交量放大，股价向上突破，这就构成了美人肩（如图 6-28 所示）。

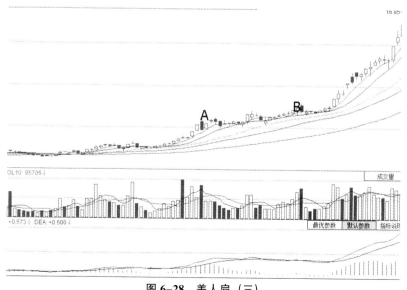

图 6-28　美人肩（三）

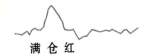
当然，美人肩 C、D 这一段是下跌中继段，感觉下跌趋缓了，思想麻痹了，错以为不会再跌了，这就中了"美人计"了，过了 D 点后的低位暴跌，其损失更大。

美人肩形态一旦确立，涨幅同样惊人。每年这类形态的股票出现得虽然不是太多，也多少有几个。这可真是，傍上美人肩，财富日日添啊。

## 二、经典黑马形态之仙人指路

1. 定义

股价处在大调整阶段的中期底部、拉升阶段初期或者拉升波段中期，当天股价盘中高开高走放量攻击，但股价冲高之后，主力却在盘中实施回头波打压震荡盘跌。股价在盘中反复盘跌后，最终以一根带长上影小阴阳 K 线报收。收盘时，股价当天仍然保持在 1%~3% 的涨跌幅。当这种 K 线结构出现在拉升阶段初期、上升波段中期或者大调整阶段的中期底部时，就是典型的仙人指路特征（如图6-29 至图 6-31 所示）。

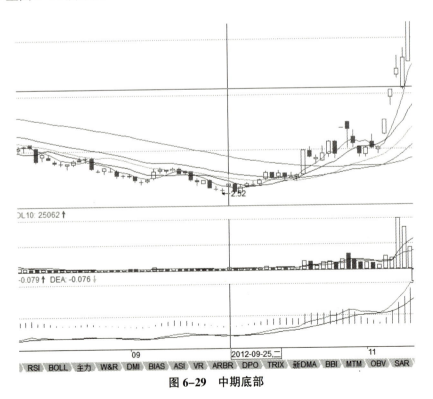

图 6-29　中期底部

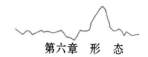
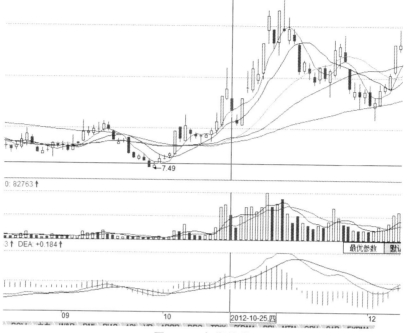

**图 6-30　初期拉升**

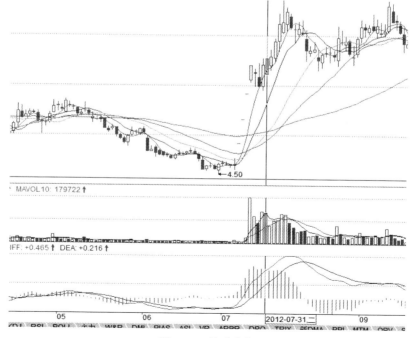

**图 6-31　拉升中期**

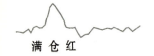

2. 市场含义

在阶段性的中期底部，是主力展开向上攻击性试盘的动作。意在测试盘面筹码的稳定度，同时发出进一步加大建仓力度的操盘信号指令。如果当天反复盘跌的即时图形中，出现典型的冲击波形结构，则是主力打压建仓的重要特征。仙人指路出现在拉升阶段的初期，是主力展开向上攻击性试盘动作，主要目的是测试盘面筹码的稳定度和上挡阻力，同时暗中发出进一步攻击指令。股价在经过短期调整后，再度展开总攻的时间已经十分逼近了。因此，在当天反复盘跌的过程中，主力通过打压洗盘，为即将到来的正式拉升做好充分的蓄势准备。

仙人指路出现在阶段性的底部，是主力展开向上攻击性试盘的动作，意在加大建仓力度。仙人指路出现在拉升阶段的初期，是主力测试盘面筹码的稳定度和上挡阻力，暗中发出攻击指令。仙人指路出现在拉升波段的中期，则是主力在盘中展开强势洗盘的操盘动作。

3. 操作要点

（1）K线结构特征：①仙人指路形态则通常出现在阶段性底部中期、拉升阶段初期和拉升波段中期。②股价以一根带长上影小阴阳K线报收，收盘时仍然保持在1%~3%的涨跌幅。③当天量比1倍以上，振幅在7%以上。

（2）仙人指路的识别法则：①股价处在下降通道中，当天出现长上影小阴阳K线不属于仙人指路特征。②当天量比达到5倍以上，巨量长上影阴阳K线不属于仙人指路特征。③当天收盘时下跌至昨日收盘价之下，跌幅达到5%以上，不属于仙人指路特征。④股价处在下降阶段的反弹行情中，当天出现长上影小阴阳K线不属于仙人指路特征。

（3）仙人指路的最佳狙击时机：①短线投资。股价处在拉升波段行情中，出现仙人指路特征时，临盘应在收盘时或次日果断狙击。②中线投资。股价处在阶段性底部时，出现仙人指路特征，临盘应在次日展开中线建仓计划。而股价处在拉升初期时，则要及时加仓。③中长线投资。股价处在阶段性底部时，出现仙人指路特征，临盘应在次日展开中长线建仓计划。而股价处在拉升初期时，则要及时加仓。

仙人指路又名宝剑出鞘，指的是主力在拉升个股之前，先打一个长长的上影线，看似空头力量很强，实则是主力震仓的行为。其后不久行情仍沿着这个上影线的方向运行，甚至涨势更为凶猛。这种K线组合多发生在强势洗盘的情形之中。

（1）仙人指路经常发生在以下两种情况，第一种是在重要的阻力位出现长影线，看似突破受阻，其实是突破前的一种蓄势和洗盘动作；第二种是出现连续阳线拉升之中，看似上涨力度减弱，其实是一种强势的震仓洗盘。

（2）上影线要长，下影线要短。实体最好是小阳，收阳比收阴好，上影线必须是盘中放量上涨收出的，一笔打出的上影线不算。当日量能要有所放大。

（3）股价启动后涨幅不大，总体仍处低位，这一点十分重要。在低位的仙人指路远比在高位的仙人指路有效性强。另外该股必须是强势股，走势要强于大盘，其股价要沿着均线推升，即使出现长上影的阴线，也不能破坏上升轨道。

（4）出现仙人指路走势后，第二天就有一定的概率出现长阳吞并，如果这根仙人指路的长上影是受大盘拖累造成的，而当日该股的表现仍要明显强于大盘，则第二日该股出长阳的概率较高。另外，要注意第二日开盘以及开盘15分钟的表现，如果是明显高开或开盘后15分钟快速上行，则出长阳概率较大。

（5）出现仙人指路时，可在收长上影的当日收盘前介入，第二天早盘快速拉高时可考虑获利了结，也可等第二日该股早盘明显走强时介入，在其打过长上影后获利了结，这样安全性会更高一些。如果是在重要阻力位或者底部形态的颈线处出现仙人指路，则可以作跟踪而不用急于介入，如果后几日该股仍强于大盘，在阻力位下方横盘蓄势，则可等其突破之日介入。

保护措施：①介入那种拉升过程中的仙人指路，第二日的表现很关键，第二日要收阳或者收平，如果收阴则要谨慎，如果连续两天收阴要考虑止损。②介入仙人指路后，一般要求该股马上就能继续上行，因此止损位可设在买入价以下3%~5%的幅度内。如果该股之前是沿10日、20日均线拉升，那么跌破10日、20日均线要止损。③对于在重要阻力位出现仙人指路的个股，应等其再次突破阻力位时介入，介入后可把止损位设在这个阻力位下方。

## 三、经典黑马形态之揉搓线

### 1. 定义
（1）揉搓线的基本图形特征是：①大多出现在上涨的势头中。②由一正一反两个T字组成。

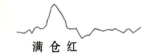

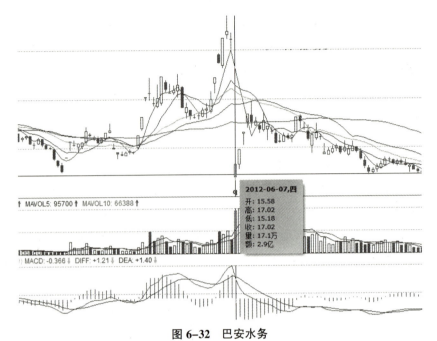

图 6-32  巴安水务

技术含义是：①在上涨中途出现，继续看涨。②在顶部出现时，是见顶信号，见到这个信号，要卖出股票；还有一个区分的标志是：在中途出现的揉搓线以小 T 字多，同时量能缩小。③缩量上涨途中出现的揉搓线是庄家在洗盘，是一次极其难得的介入机会（如图 6-32 所示）。

（2）庄家做揉搓的目的：①洗盘；②变盘。

在涨势初期出现揉搓线，大多是庄家用该方法清洗浮动筹码，以减轻拉升压力。当股价出现了很大的涨幅以后，庄家就开始扰乱大家的视线，达到出货的目的。

2. 要点

揉搓线是指在中阳线前后，出现的先上阴 T 形线加下阴 T 形线的 K 线组合，且会出现缩量的配合。单组揉搓线之后，往往随之而来的是主升段的急升行情。如果是连续两组揉搓线则上涨的势头会更猛，是急涨的前兆（如图 6-33 所示）。

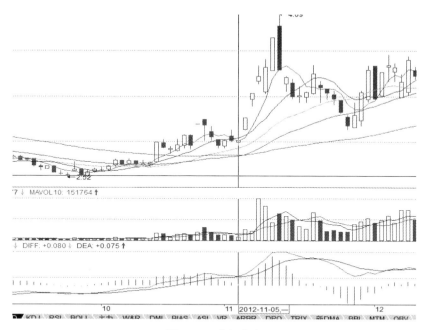

图 6-33 华银电力

## 四、经典黑马形态之倒拔垂杨柳

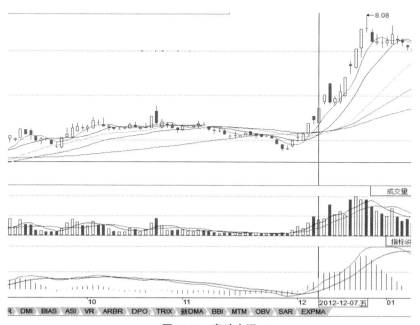

图 6-34 秦岭水泥

1. 定义

倒拔垂杨柳顾名思义就是力发千钧，拔根带土，名利功成！在股市的上升趋势中，庄家在潜收集期没有拿到足够的筹码，又遇股指强势上扬，庄家不得不抢筹，从而使股价连续跳空飙升（很多时候是一字形）。但在股价飙升的过程中，底部浮筹获利颇丰，这一点，庄家是很不高兴的。为了让底部筹码出来，庄家一般在拉升 10%~20% 的时候，次日会出现高开低走，当日分时出现单边下跌或快速打压整理形态，产生恐慌气氛，量能急剧放大，使短线浮筹出局，庄家再次进行筹码收集。在 K 线形态中，出现一根带上影的高开巨量阴线，好像一棵粗大的杨柳，被连根（巨量）拔起（如图 6-34 所示）！

2. 倒拔垂杨柳的实战应用

（1）大盘的趋势必须在强势上升过程中，均线处于多头发散。

（2）该股处于底部刚启动或庄家完成潜收集期，均线系统呈多头发散。

（3）该股最好是热点板块。

（4）个股一旦出现这样的图形，必须带量而且是超前量，换手率不能太大（一般不超过 10%）。

（5）K 线形态是巨量阴线，但跌幅最好不能超过 5%，如果是假阴线最好！这一点务必注意。

（6）一旦有这样的 K 线形态出现，次日的量能必须不能有太大的萎缩。如果次日的量能急剧萎缩，并且不能有效收复这根 K 线实体的一半，要高度注意！提防庄家骗线。

（7）个股一旦出现疑似倒拔垂杨柳的 K 线形态，大家千万不要急于进场，要冷静观察，看它是否符合前文所说的条件，激进的朋友可以在当日，依据该股的分时走势买点少量介入，次日发现量能一旦不济，马上找分时高点出局，千万不要幻想。

（8）个股一旦出现疑似倒拔垂杨柳的 K 线形态，最好的买点是在次日，次日股价没有再创新低，而且快速回拉到这根阴线实体的一半以上，并且量能没有萎缩或稍有萎缩，分时图出现价升量增、价跌量减的现象，在大盘不再下跌趋势中，可以及时找分时买点跟进。

3. 倒拔垂杨柳的失败形态

（1）个股一旦出现疑似倒拔垂杨柳的 K 线形态，次日股价没有有效收复这根阴线实体的一半，并且量能急剧萎缩，收小阳或小阴。

（2）连续 3~5 日股价跌破这根大阴线的最低点，量能继续萎缩。

（3）大盘期间处于下跌趋势中，大盘的 10 日均线趋势向下。

（4）符合上面几点条件，大家要密切关注，不要主观行事，庄家骗线的概率很大！

每一种 K 线形态和技术分析，都会被庄家反利用，我们一定要灵活掌握，跟随趋势，才能战胜庄家，实现盈利！如果太主观行事，就很容易掉进庄家的陷阱，成为庄家的盘中餐，桌上肉。

希望看到本书的朋友，反复推敲，仔细琢磨，千万不要人云亦云，主观用事！庄家也是人，在你琢磨他的时候，他也在琢磨你。

## 五、经典黑马形态之攻击迫线

### 1. 定义

攻击迫线。第一个交易日涨停板（或者涨幅在 5% 以上的大阳），第二个交易日先上后下，收长上影（7% 以上）十字线（阴阳均可），成交量放大，往往第三个交易日会用长阳吃掉第二个交易日上影线。这根长上影线，通常被称之为攻击迫线（也无跳空缺口）。谁能抓到这根线，财富短日大增（如图 6-35、图 6-36 所示）。

选股公式代码：

$A := (H - REF (C, 1)) / REF (C, 1) \times 100$；

$A2 := (C - REF (C, 1)) / REF (C, 1) \times 100$；

$XX := A > 7$ AND $(A - A2) > 4$ AND $(REF (A2, 1) > 9.5$ OR REF $(A2, 2) > 9.5$ OR REF $(A2, 3) > 9.5)$ AND $C > REF (C, 1)$；

$XY$：REF $(XX, 1)$ AND $C/OPEN > 1.009$。

备注：这是一个 涨停板 + 跳空线的选股公式，至于你会不会编写涨停板 + 非跳空线以及 5% 之上大阳 + 跳空线和 5% 之上大阳 + 非跳空线，那就得看你的功力了。

### 2. 要点

在大盘趋势发生改变或在个股主升浪的初期攻击迫线模式很常见。在个股一些平台突破的关键位置出现。

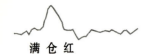

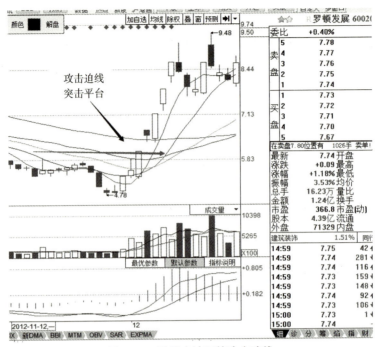

图 6-35　无跳空缺口的攻击迫线

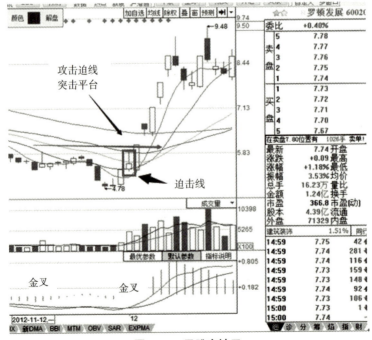

图 6-36　无跳空缺口

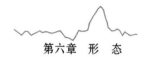

出现攻击迫线的市场含义为，在一些关键位置，主力经常通过长上影线达到两种目的：一是试盘，测试上方压力；二是洗盘，将一些短线获利的不坚定者清洗出局。

投资者可以在第二个交易日形态确立后追涨买进，必有厚报。

有人强调，这根长上影必须跳空，并且不能回补缺口。但从近期一些强势票的走势看，一些非跳空缺口的线，同样具有强大威力，或许这也说明，主力操盘的思路也在不断改变吧。

投资者可以在第二个交易日形态确立后追涨买进，必有厚报（如图 6-37 至图 6-39 所示）。

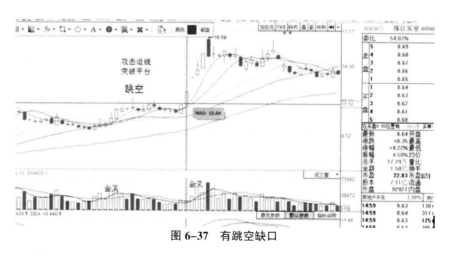

图 6-37　有跳空缺口

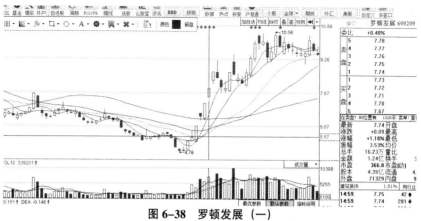

图 6-38　罗顿发展（一）

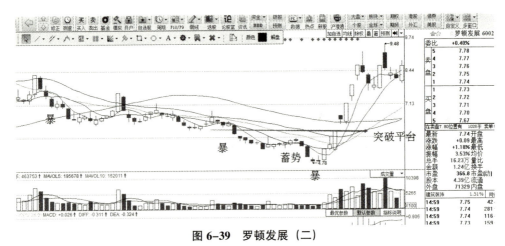

图 6-39　罗顿发展（二）

# 第七节　出货的分时图形态分析

出货是指主力把手中的筹码出给市场的行为，原因有二：一是获利出局，二是因故弃庄。前者是以诱骗市场跟风为目的，股价在一派"美丽"景象中逐渐转势；后者则在一派"凄风苦雨"中突然转市，狼狈下跌。出货走势的三种形态如下：

## 一、拉高出货

拉高出货一般是在主力已经获利的情况下进行的出货形态，其分时图上往往呈现出锯齿形走势。盘口特征为：小单拉高，大单打下，上方很少挂出大单，下方远离卖单处经常闪现大单，但实际成交则往往不是接盘的大单，而是空中成交（不显示挂单的成交）（如图 6-40 所示）。

目的：制造盘口买盘众多、成交活跃的效果。

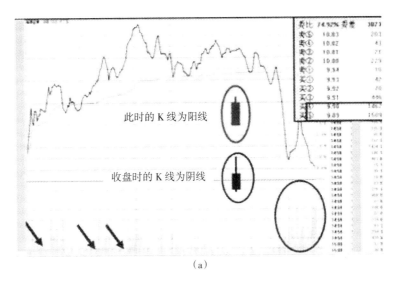

此时的 K 线为阳线

收盘时的 K 线为阴线

（a）

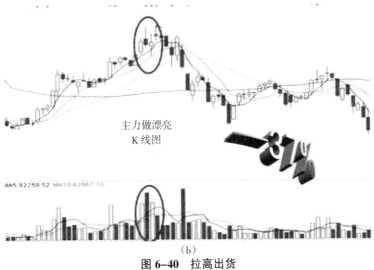

主力做漂亮
K 线图

（b）

图 6-40 拉高出货

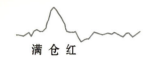
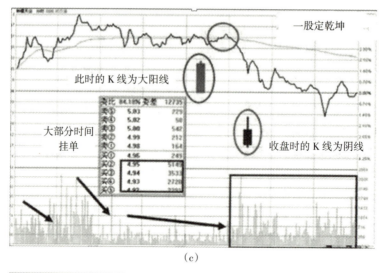

（c）

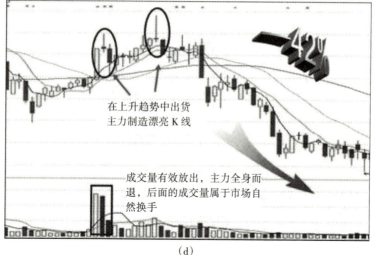

（d）

**图 6-40　拉高出货（续）**

## 二、打低出货

打低出货是一种强行出货的方式，庄家有一种强烈的出货欲望，可能与急于套现分钱或是资金链断裂被迫出局（此时未必获利）有关。盘口特征为开盘就快速拉高，然后一路卖出，大单小单一起下，呈现出一种毫不掩饰、坚决出局的态势（如图 6-41 所示）。

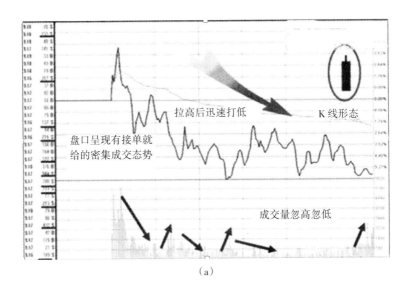

（a）

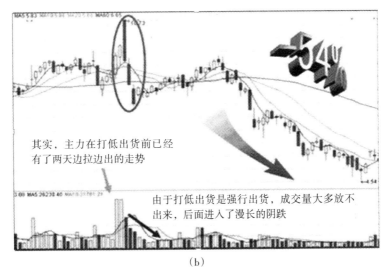

（b）

图 6-41 打低出货

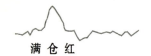

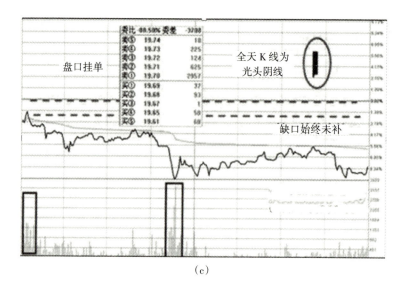

（c）

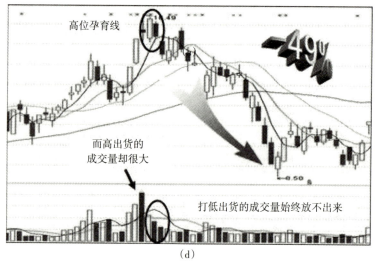

（d）

图6-41  打低出货（续）

## 三、锯齿形出货

锯齿形出货是一种温和的出货方式，主力主要靠构建高位平台来培养市场一种希望股价向上"突破"的心理，在这种心理期待下不知不觉地来接主力手中的筹码。盘口特征为每天成交量不大，少有大单成交，成交主要由小单构成（主力以小股形式分拆给市场），中间时有停顿，形似"锯齿"，故称为锯齿形出货走

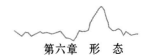

势（如图 6-42 所示）。

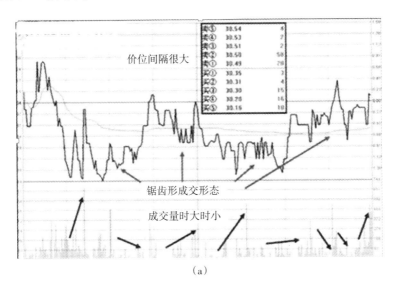

（a）

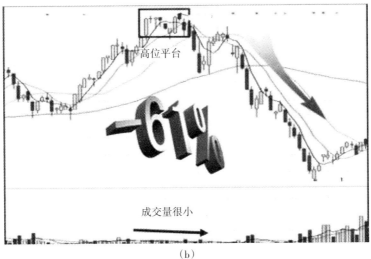

（b）

图 6-42 锯齿形出货

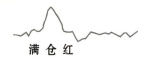
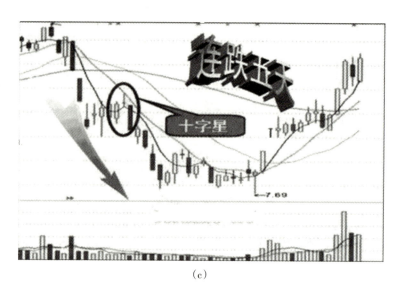

(c)

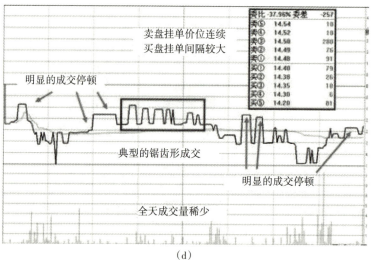

(d)

图6-42 锯齿形出货（续）

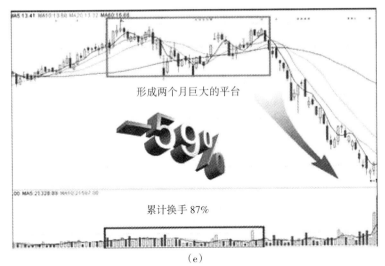

图 6-42 锯齿形出货（续）

以上三种出货方式中，杀伤力最大的是打低出货，这类出货大都为庄家的资金链出了问题，为了"保命"，庄家会不顾一切地出逃（不管获利与否）；最好的出货方式是拉高出货，只要你不贪，往往能与庄共舞，形成散户与主力的"双赢"局面；锯齿形出货则在两者之间，一般不会被深套——区别它们的技巧在于盘口。

（1）拉高出货往往成交量很大，这是因为散户跟风盘所致。

（2）打低出货和锯齿形出货的成交量一般都不大，尤其是锯齿形出货，主力极有耐心，见到接盘再卖出，没有就等待，也不去破坏图形，是一种以时间换空间的出货战略。

（3）打低出货有时也会放量，但很难持续，总体上呈缩量态势，遇到这类出货应该第一时间出局。

# 第七章  主力的认识

## 第一节  识别主力的拉升手法

捕捉到短线飙升的个股是投资者向往的事情！捕捉短线飙升的个股方法是多种多样的，有人用指标去判断捕捉；有人用均线去判断捕捉；有人用形态去判断捕捉；有人用量能去判断捕捉；也有人利用软件交易席位去判断捕捉。不管用什么方法，捕捉短线飙升的个股就是好方法！

小雪用的是主力行为学捕捉短线飙升的个股。简单地说就是跟踪观察研究个股中的主力机构。当主力机构表现出强的拉升欲望和行动时就及时跟进。

小雪认为，利用主力行为学捕捉短线飙升的个股是目前跟庄的最有效方法。当然也是最难的方法。部分个股主力机构在决定拉升之前都会出来做好事前的准备工作。这些工作内容有时会在目标股票的盘口上、分时走势上、成交量能上表现出"异常"的交易状态。这种"异常"的交易状况是我们跟踪研究和判断主力机构后面行为动作目的的关键。至于这种"异常"没有统一的标准，大都靠多年累积的经验判断。

下面以实际案例介绍主力机构决定拉升之前，操盘手活动时在个股盘口上、分时走势上、成交量上"异常"的表现（如图 7-1 至图 7-6 所示）！

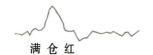

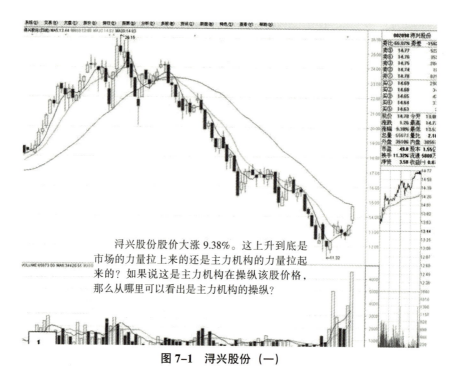

浔兴股份股价大涨 9.38%。这上升到底是市场的力量拉上来的还是主力机构的力量拉起来的？如果说这是主力机构在操纵该股价格，那么从哪里可以看出是主力机构的操纵？

**图 7-1　浔兴股份（一）**

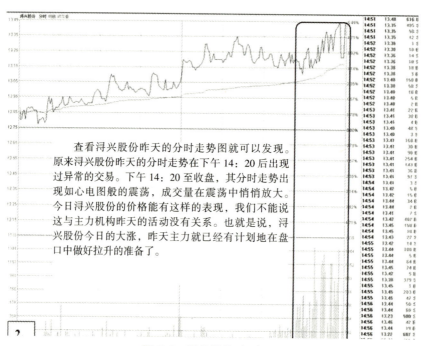

查看浔兴股份昨天的分时走势图就可以发现。原来浔兴股份昨天的分时走势在下午 14：20 后出现过异常的交易。下午 14：20 至收盘，其分时走势出现如心电图般的震荡，成交量在震荡中悄悄放大。今日浔兴股份的价格能有这样的表现，我们不能说这与主力机构昨天的活动没有关系。也就是说，浔兴股份今日的大涨，昨天主力就已经有计划地在盘口中做好拉升的准备了。

**图 7-2　浔兴股份（二）**

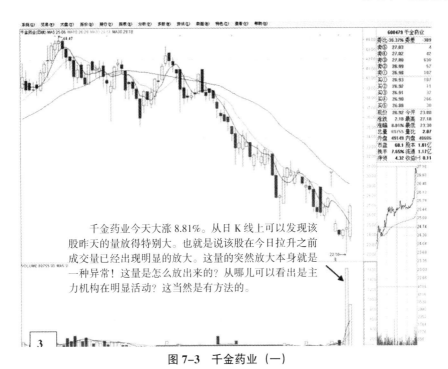

千金药业今天大涨 8.81%。从日 K 线上可以发现该
股昨天的量放得特别大。也就是说该股在今日拉升之前
成交量已经出现明显的放大。这量的突然放大本身就是
一种异常！这量是怎么放出来的？从哪儿可以看出是主
力机构在明显活动？这当然是有方法的。

图 7-3　千金药业（一）

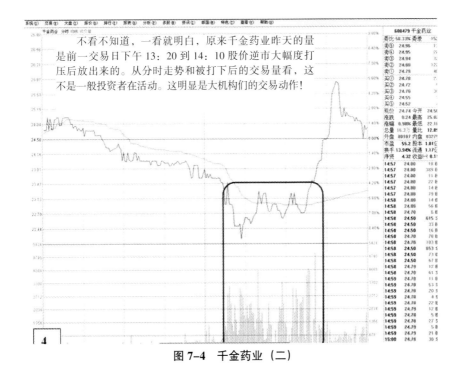

不看不知道，一看就明白，原来千金药业昨天的量
是前一交易日下午 13：20 到 14：10 股价逆市大幅度打
压后放出来的。从分时走势和被打下后的交易量看，这
不是一般投资者在活动。这明显是大机构们的交易动作！

图 7-4　千金药业（二）

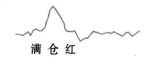
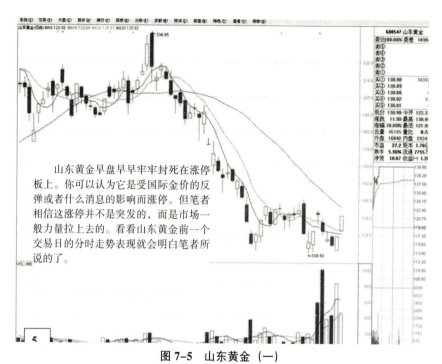

山东黄金早盘早早牢牢封死在涨停板上。你可以认为它是受国际金价的反弹或者什么消息的影响而涨停。但笔者相信这涨停并不是突发的，而是市场一般力量拉上去的。看看山东黄金前一个交易日的分时走势表现就会明白笔者所说的了。

图 7-5　山东黄金（一）

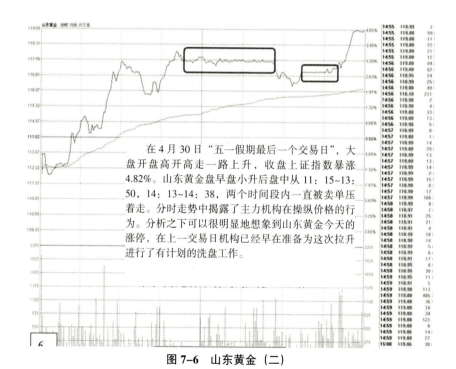

在4月30日"五一假期最后一个交易日"，大盘开盘高开高走一路上升，收盘上证指数暴涨4.82%。山东黄金盘早盘小升后盘中从11：15~13：50，14：13~14：38，两个时间段内一直被卖单压着走。分时走势中揭露了主力机构在操纵价格的行为。分析之下可以很明显地想象到山东黄金今天的涨停，在上一交易日机构已经早在准备为这次拉升进行了有计划的洗盘工作。

图 7-6　山东黄金（二）

# 第二节　如何辨别主力控盘

### 一、拉升时挂大卖盘

一只股票不涨不跌时，挂出的卖盘比较正常，而一旦拉升时，立即出现较大的卖盘，有时甚至是先挂出卖盘，而后才出现上涨。

出现这种信息，如果卖盘不能被吃掉，一般说明主力吸筹不足，或者不想发动行情；如果卖盘被逐渐吃掉，且上攻的速度不是很快，多半说明主力已经相对控盘，既想上攻，又不想再吃进更多的筹码，所以拉的速度慢些，希望散户帮助吃掉一些筹码。

### 二、下跌时没有大承接盘

如果主力建仓不足，那么在洗盘时，不希望损失更多的筹码，因而下跌时低位会有一定的承接盘，自己卖给自己，有时甚至是先挂出接盘，再出现下跌动作。

而在主力已经控制了较多筹码的股票中，下跌时卖盘是真实的，低位不会主动挂出大的承接盘，目的是减仓，以便为下一波拉升做准备。

### 三、即时走势的自然流畅程度

主力机构介入程度不高的股票，上涨时显得十分沉重，市场抛压较大。

主力相对控盘的股票，其走势是比较流畅自然的，成交也较活跃，盘口信息显示，多方起着主导作用。

在完全控盘的股票中，股价涨跌则不自然，平时买卖盘较小，成交稀疏，上涨或下跌时才有意挂出单子，明显给人以被控制的感觉。

### 四、大阳线次日的股价表现

这个盘口信息在研判中的作用也不可小觑。

一只没有控盘的股票，大阳线过后，第二天一般都会成交踊跃，股价上蹿下

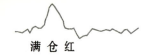

跳，说明多空分歧较大，买卖真实自然，主力会借机吸筹或派发。

而如果在大阳线过后，次日即成交清淡，波澜不惊，多半说明已被控盘，主力既无意派发，也无意吸筹。

# 第三节　如何识别主力建仓

庄家在廉价筹码吃了一肚子时最有激情。这里面的关键是如何发现庄家已锁定筹码。

因此，散户跟庄炒股若能准确判断庄家的持仓情况，盯牢一只建仓完毕的庄股，在其即将拉升时介入，必将收获一份财富增值裂变的惊喜。

一般具备了下述特征之一就可初步判断庄家筹码锁定，建仓已进入尾声：

其一，放很小的量就能拉出长阳或封死涨停。看中新股的庄家进场吸货，经过一段时间收集，如果庄家用很少的资金就能轻松地拉出涨停，那就说明庄家筹码收集工作已近尾声，具备了控盘能力，可以随心所欲地控制盘面。

其二，K线走势我行我素，不理会大盘而走出独立行情。有的股票，大盘涨它不涨，大盘跌它不跌。这种情况通常表明大部分筹码已落入庄家囊中：当大势向下，有浮筹砸盘，庄家便把筹码托住，封死下跌空间，以防廉价筹码被人抢了去；大势向上或企稳，有资金抢盘，但庄家由于种种原因此时仍不想发动行情，于是便有凶狠的砸盘出现，封住股价的上涨空间，不让短线热钱打乱炒作计划。股票的K线形态就横向盘整，或沿均线小幅震荡盘升。

其三，K线走势起伏不定，而分时走势图剧烈震荡，成交量极度萎缩。庄家到了收集末期，为了洗掉短线获利盘，消磨散户持股耐心，便用少量筹码作图。从日K线上看，股价起伏不定，一会儿到了浪尖，一会儿到了谷底，但股价总是冲不破箱顶也跌不破箱底。而当日分时走势图上更是大幅震荡。委买、委卖之间价格差距也非常大，有时相差几分，有时相差几毛，给人一种莫名其妙、飘忽不定的感觉。成交量也极不规则，有时几分钟才成交一笔，有时十几分钟才成交一笔，分时走势图画出横线或竖线，形成矩形，成交量也极度萎缩。上抛压极轻，下支撑有力，浮动筹码极少。

其四，遇利空打击股价不跌反涨，或当天虽有小幅无量回调但第二天便收出大阳，股价迅速恢复到原来的价位。突发性利空袭来，庄家措手不及，散户筹码可以抛了就跑，而庄家却只能兜着。于是盘面可以看到利空袭来当日，开盘后抛盘很多而接盘更多，不久抛盘减少，股价企稳。由于害怕散户捡到便宜筹码，第二日股价又被庄家早早地拉升到原位。

# 第四节　主力启动的方式

市场中资金和操纵资金的人就像战场上的兵和帅，而所持筹码就像杀敌的武器。投入到这场战争里的人，花的是金钱，斗的是心理；谁在心理上被打败，谁就失去了财富。

在发动拉升战前，我们常看到股票会突然放量拉升几天，然后陷入死寂，这是主力资金的侦察战试盘，再然后我们才会看到激烈的资金对流（拉升）。

这其中资金对流方式是怎么样的？主力和散户两方的心理怎样？

## 一、主力资金侦察战

股票进入拉升前，主力会先用部分资金进行试盘，看看多空双方力量如何。这时候，盘面看到的成交方式是这样的：主力先行挂单，对敲买卖推高股价，这个过程中产生的量，基本是主力用自身筹码和自身资金在进行活动。如果大多数人采取的是把筹码换成资金，那盘面抛压将很沉重，资金一旦向散户手中流动，主力就会很被动，就像军队没有了后援。

所以，当盘面出现抛压沉重状况时，主力有两种选择：第一种是快速拉高封上涨停板，目的是虚造声势拉抬股价，以减轻抛压（接着几天会让股价慢慢滑落，好让短线客跟进，这也才能达到股票阶段性价格的平衡，为以后拉升减压）。这时候图形上呈现的是某天股票拉涨停后又恢复下跌，而量能则处于缩量状态。第二种是快速拉高而当天又快速滑落，目的是当天快速收回自身筹码和资金，以保仓位上的平衡（接着几天任由股价飘摇下跌，让其他人进行筹码资金的对流，主力继续实施底部折磨战术）。图形上呈现长阴巨量或长上影巨量，而其中的资

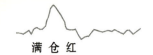

金流动主要是散户对散户，也有部分介入的做多力量是短线客，出局的部分是对该股绝望的套牢者。

主力资金侦察战中，主力主要是保存实力，观察多空双方力量有多悬殊，其最大同盟者是长期套牢该股票的投资者，而敌人是那些持股心态不好的投资者。但是谁也无法与主力在底部共舞，主要原因是大多数投资者没有耐心和恒心忍受这种底部折磨。

### 二、主力资金拉升战

主力利用侦察战观察盘面多次后，基本已知道了整个盘面形势，在清楚了大概有多少筹码是不流动的后，也就明白了有多少力量会和它进行财富争夺。筹码是武器，资金是兵，激烈快速的筹码金对流——拉升战宣告展开。

拉升战方式：快速拉升。主力挂单对敲拉高，每天摆出目空一切的架势，快速拉高价格，制造短线赢利的效应，吸引更多短线客进出买卖，让短线客和短线客之间进行筹码和资金的对流。在这当中，主力主要任务是用自身资金和筹码对流，让筹码在股价上涨中升值，而短线客的频繁买卖可以省去主力资金的消耗并解除上涨时获利盘的压力。

每天股票高涨幅、封涨停是拉升战的主要手法，主力力求一气呵成，快速拉高股价远离成本区，其中或是放量拉升，或是缩量拉升。放量拉升的原因有两种：第一，主力大手笔对敲自己的筹码，虚造市场热钱的运动方向，吸引短线客目光；第二，主要成交来自短线客对短线客的对流筹码互换，让短线客为主力做活广告，吸引下批短线客进场。缩量拉升代表筹码锁定性非常牢靠，整个股票群体"一边倒"，主力几乎可以将整个盘"一锅端"，在这一致看好的前提下对敲几笔就可以把股价拉高。

# 第五节　主力震仓的几种迹象

庄家做一只股票，要经历试盘、吸筹、震荡洗盘、拉升、出货 5 个阶段。前三个阶段，短的要 3 个月，长的要 2 年，没有几个散户有这个耐心。可是洗盘结

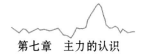

束后，拉升只要几天就可能翻番。震荡洗盘有个结束点，发现它、找到它、跟上它，剩下的就是让你数钱数到手抽筋。

能发现股价的底部并及时跟进者，无疑是股市赢家，但这种机会对多数人来说是可遇而不可求的。底部的发现不难，从底部进入也不难，但是发现底部的成本也高，从底部爬起来也难。大盘在 998 点的时候，很多人都知道这是底部，首先发现的，往往是被套的投资者，1664 点也是这样，没有被套的投资者，敢于进场需要很大胆量，就是在这个点位进去了，也要耐得住折磨。998 点到大盘启动，经历了半年的反复震荡洗盘，1664 点到启动也经历了 3 个半月的洗盘。从股价在底部时成交量往往极度萎缩的状况也可以看出，能成功抄到底部的人毕竟是少数幸运儿。

但是，如果投资者能够在主力洗盘结束之际再跟进，这样即使错过了第一波行情，却能抓住庄股的主升段，也就是鱼身子。大部分庄股坐庄，都有一个吸筹、震仓、洗盘、拉升、出货等步骤。主力庄家的震仓洗盘行为是获取最大收益，主力一旦清洗完毕，往往便展开主升行情，伴随主升段的结束，就是减仓出货。在整个主力庄家的坐庄过程中，能够在主力洗盘过程中，寻找到洗盘结束点，将会获得最大收益，主力庄家就是你的提款机。本部分以图文结合的方式，告诉你哪里是洗盘结束点，那里是洗盘结束后的最佳增仓点，让你搭上主力庄家的顺风快车，主力就成了你的摇钱树、提款机。

洗盘结束点的特征：①左侧先放量后缩量；②获得重要中长线均线支撑；③打穿所有均线；④K 线阳包阴或探海神针；⑤右侧放量后巨量拉升。

操作要点：①观察近半年内反复放量，离底部已有一定升幅（20%~30%）但尚未出现放量急拉的个股，亦即是已有主力介入但尚未展开主升浪的个股，将其列为重点关注名单。②关注这些个股何时出现明显的洗盘震仓动作，未出现前可静观其变。③一旦洗盘结束后向上突破，投资者可待股价突破洗盘前的高点时介入。

洗盘的认定：关键在于能正确判断主力是在洗盘而不是出货。主力的洗盘手法千变万化、层出不穷，花样不断翻新，投资者可以把握这一点，就不会被浮云迷惑了双眼：洗盘总是刻意制造恐怖气氛，主力往往采取凶悍砸盘、令股票放量下挫等恶劣行径。以下是常见的几种洗盘方式。

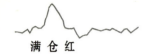
## 一、阴雨连绵

阴雨连绵日线图上收一连串阴线，但股价并未大幅下调，每天收盘价都比较接近，往往构筑一个小整理平台，这通常是牛股在中场休息，主力在卖力洗盘子。如：2009 年的白云山，自 2009 年 2~5 月放量吸收筹码后，一直横盘到 8 月初阴跌洗盘到 10 月底，洗盘结束 10 几个交易日股价就上涨 120%（如图 7-7 所示）。

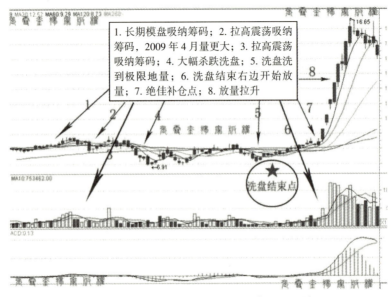

1. 长期模盘吸纳筹码；2. 拉高震荡吸纳筹码，2009 年 4 月量更大；3. 拉高震荡吸纳筹码；4. 大幅杀跌洗盘；5. 洗盘洗到极限地量；6. 洗盘结束右边开始放量；7. 绝佳补仓点；8. 放量拉升

图 7-7　白云山洗盘拉升图（2009 年 4~11 月）

## 二、长阴砸盘

有些个股在平缓的上升通道上突然拉出难看的长阴线，跌破通道下轨，此种走势多为主力的洗盘震仓行为，如世荣兆业 8 月到 10 月的洗盘（如图 7-8 所示）。

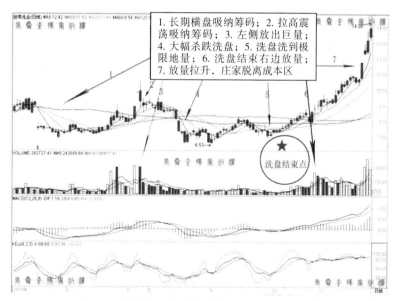

1. 长期横盘吸纳筹码；2. 拉高震荡吸纳筹码；3. 左侧放出巨量；4. 大幅杀跌洗盘；5. 洗盘洗到极限地量；6. 洗盘结束右边放量；7. 放量拉升，庄家脱离成本区

图 7-8　世荣兆业洗盘拉升图（2009 年 5~11 月）

## 三、地面塌方

有些个股在上升通道上突然放量下跌，但很快便收复失地，犹如地面出现塌方，这便是俗称的"空头陷阱"，主力一旦大肆挖井，表明其已迫不及待，准备大干快上了。如上海梅林刚刚结束的洗盘。

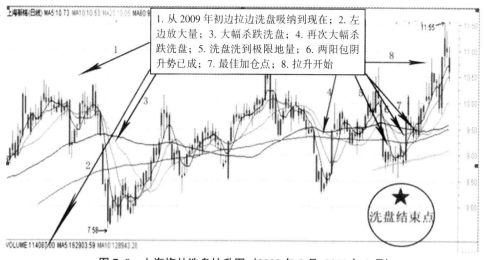

1. 从 2009 年初边拉边洗盘吸纳到现在；2. 左边放大量；3. 大幅杀跌洗盘；4. 再次大幅杀跌洗盘；5. 洗盘洗到极限地量；6. 两阳包阴升势已成；7. 最佳加仓点；8. 拉升开始

图 7-9　上海梅林洗盘拉升图（2009 年 2 月~2010 年 3 月）

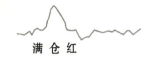
## 四、激烈震荡

有些洗盘方式是激烈震荡，就是涨跌互现，放量大跌大涨每天在5%左右，总的股价却变化不大，让投资者无所适从。如图7-10漳州发展的洗盘。

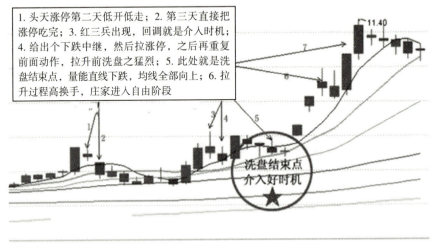

图 7-10　漳州发展洗盘拉升图

## 五、妖言惑众

洗盘的股票，基本上都有一个共同特点，就是该股票的谣言特别多，包括上市公司配合出的亏损、股份冻结、增发上市等，目的就一个，打不跑你吓死你。

# 第六节　主力在熊市中做盘手法

在2009年后持续的暴跌中，可以说绝大部分投资者损失相当惨重，但更为严重的是，相当大部分投资者是满仓被套，完全丧失了交易的主动权，而只有被动地等待反弹。这种情况可能对于部分想做盘的机构而言，恰恰是他们希望看到的。为什么呢？

机构做盘的手法有一种我们把它叫作"围点打援"，在股市中，也常被做盘

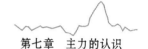

机构所运用。特别是在下降趋势中做反弹行情时用得最多。主力机构在高抛之后如果继续想运作该股，那么，采用的第一步，就是拼命砸盘，其目的有二：一是为下波行情运作砸出空间，二是在向下砸盘的过程中不断做出下跌中继，以吸引和套住更多的已经持有该股的投资者的后备资金。

作为做盘主力，很了解作为对手的一方广大投资者的散户心理和行为。那就是由于股价的下跌，进行拼命的补仓，直到弹尽粮绝为止。而当已经持有该股的投资者耗尽了最后的子弹时，主力也就完成了向下砸盘的第二步。这样做的原因是避免将来砸到最低点时还有大量持有该股的投资者会在最低点抢筹，同时增加将来向上拉升过程中的抛盘压力。也就是说，让广大投资者被动地变为为其锁仓的力量。

接下来主力做盘的第三步就是当持有该股的投资者估计已经全线套牢时，再度向下猛烈砸盘，这样做有如下好处。一是彻底摧毁持股者的心理防线，迫使一部分由于心理崩溃而将高位套牢的筹码在低位割肉出局。使得主力可以在低位拣到更为廉价的筹码。二是在将来拉升过程中不会有太大的抛压。由于作为做盘的主力机构，对于散户的心理了如指掌，一般高位满仓被套，在低位割肉出局后，是不会再轻易买回的。三是由于在高位被套的投资者在股价下跌的过程中不断地进行补仓，在真正底部来临之前就已经耗尽了所有子弹，而此时如果主力再往下砸的话，砸出的空间可以说对于运作反弹行情而言绰绰有余。当主力一波反弹行情运作到位时，由于砸盘的深度够深，其拉升的高度可以不用触及上挡的套牢盘，不用去面对上面沉重的抛盘压力。

比如一只 15 元的股票，当大盘处于下跌趋势中，我们要运作它的话，第一步是将其砸至 10 元附近，然后做一个平台或小幅反弹，以吸引高点被套的投资者在此位置进行补仓。当我们觉得在此位置跟风盘到达一定程度时，第二步就是将其从 10 元砸至 7.5 元附近，如果此时大盘或外部利空因素配合的话，可以非常省力地就达到目的。而到达这个位置后，我们要做的第三步工作至关重要，就是要利用外部环境或做盘技巧想尽一切办法尽可能地使得在高点被套的投资者误以为股价下跌 50% 了，已经调整到位了，让他们感觉该股有重新启动的一波大行情的假象，反正最终目的就是一点：想尽一切办法把高点被套投资者的后备资金尽可能多地骗进来。当然最理想的效果是让他们在这个位置满仓，耗尽他们的所有生力军，而此时除了对盘面的把控外，更重要的是需要外部利空环境的配合，

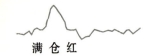

否则很容易功败垂成。这也是为何此方法只能应用于明显的下跌趋势中的原因。当这一步目的达到后，如果能够利用外部利空因素和在此平台收集的少量筹码再次砸盘，可以说这一砸就是完美收工了。而这一砸的幅度越深越好，这样既可以摧毁高位被拖进来的投资者的心理防线，同时又可以为自身下一步拉升埋好伏笔。一般而言，砸盘的目标位最好砸至 5 元以下，甚至更低。这就要看当时环境是否配合和主操盘手的策划运作能力。当这一目标完成后，在 4~5 元的位置重新横盘震荡或微跌悄悄收集筹码，由于这个位置前期被套的资金要么只有选择割肉出局，要么只有被动等待。由于大部分已经满仓，而在次位置出现与我们抢筹的概率就很小。当然如果遇上其他机构进场抢筹，那就另当别论。当这些完成后，就可以开始拉升动作。一般拉升的目标位设置在前期 7.5 元成交密集区下方，也就是说从 5 元附近起步到 7.5 元，有 50% 的毛利润，由于没有触及前期套牢区，且在拉升过程中该股的筹码除了我们持有外，还有就是高位大量被套投资者被动地帮我们锁仓。所以拉升的阻力会很小。而当被套投资者还在盼望解套的时候，我们就已经可以获利出局了。

这就是在下跌趋势中主力所运用的一种鲜为人知的做盘手法。由于笔者对这些的了解，所以笔者知道在下跌趋势中对于我们而言要想自救什么最重要？那就是当大盘真正见底时，我们还有充足的后备生力军，这也是笔者曾经教大家在熊市中那些补仓技巧的原因。大盘不见底，就不要轻易动用宝贵的生力军，既然主力想利用我们急于补仓摊低成本而不断地将生力军拖进下跌的泥潭来达到他们"围点打援"的目的，那么，我们就来个反其道而行之。被主力围住的那部分只要大势没转好，我们就不会去救，保住大量的生力军留在大反攻时再去解救被套的部分。

# 第八章　选股及买卖点的把握

## 第一节　选股技巧

（1）在指数大跌的时候先选出还在涨的股票，然后将这些股票中涨了很长时间的股票去掉，将那些技术走势也的确说明处在涨势的股票去掉，剩下的股票值得我们研究，这些股票至少说明有庄家在里面，而且近期肯定要涨，庄家只是在等待机会。

（2）选择那些遍地都是利空的股票，当一个股票大家都知道非常糟糕的时候，它往往再也不能更坏了，利空出净就是利好。

（3）选择业绩好的而且在一个时间段内涨幅很大的，K 线走势非常好的，这样的股票在大盘大跌的时候是理想的选择，为等大盘拉升的时候这些股票往往跑在最前面。

（4）日 K 线上必然会有严重超跌的特征，比如最近大盘破 2500 点后加速下行的个股，这样的品种在反弹中容易出现 V 形反转。

利用技术分析的四要素选择超强势股：超强势股是股市中的明星，一些超强势股的股价可以在极短的时间内完成大幅飙升，令人惊心动魄。以 2010 年 7 月初的金山开发为例，该股连拉涨停，仅用 6 个交易日涨幅即达 54.42%。故此，认真观察、追踪超强势股应成为广大投资者选股任务中的重中之重。以下我们论述超强势股的特征，个股符合下列特征越多者，越有可能成为超强势股。

（1）价格。与许多半路出家的个股不同，超强势股从形态上看，底背离非常明显，股价上涨时几乎马不停蹄地从底部以 70~80 度的角度直拉，而且 K 线干

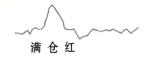

净利落，很少连续形成较长的上影线。超强势股股价飙升时，均线呈明显的多头排列。除非股价见顶，它一般不破 5 日价格均线，如图 8-1 所示，金山开发在 2010 年 7 月初的走势。

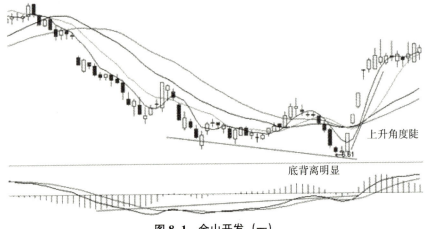

图 8-1　金山开发（一）

（2）成交量。超强势股在股价起步前常常是成交量长期低迷，5 日成交量均线被 10 日均线覆盖，或时隐时现，或藏而不露。然而突然某一天 5 日均量线以 45 度以上角度上冲 10 日均量线，并伴随着大幅成交量（一般较上一日高出 1~10 倍以上不等），此时往往是该股将要有大行情的信号。此后，一连数天成交量保持在 10% 以上换手率，个股价升量增，价量配合极好。当然，有些超强势股在股价大涨前也有成交量数根小阳柱—小阴柱交叉进行的，但行情真正发动之日，成交量仍需很大，如图 8-2 所示，金山开发 2010 年 7 月初的走势。

（3）时间。一轮跌市接近尾声之时，最先冒头拉涨停板之个股最易成为超强势股（7 月初的金山开发与西部建设即是典型的例子）。此外，一波短多或次中级行情的初期，也是我们检验超强势股的重要时刻。那些符合市场主流、股本适中并率先领衔上涨者最有希望成为超强势股。超强势股从行情启动至股价见顶一般只用 6~20 个交易日不等。由于主力有备而来，股价走势极具爆发性，因此一旦 5 日均线趋平、K 线拉阴，投资者即应执行止损出局。

（4）空间。绝大多数超强势股均起自于中低价股，因此有着可观的上升空间。一般而言，如果一挡超强势股仅用 6~7 个交易日便完成一波行情，则上升空间约为 50%~60%。以往的历史数据表明，绝大多数超强势股可以在 10 个或 10

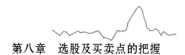

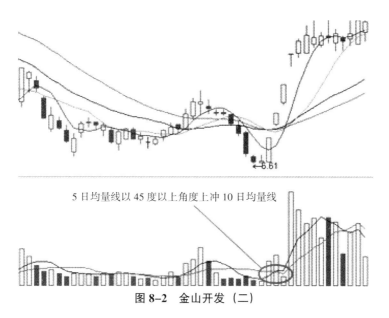

5 日均量线以 45 度以上角度上冲 10 日均量线

图 8-2　金山开发（二）

个以上交易日内完成股价翻倍。

　　选中超强势股并非总是可遇而不可求，它要求投资者不但具有极强的看盘能力，而且还要有超人的胆量。在众人徘徊观望之时坚决买进。一个够水平的投资者会在一波行情风声乍起之时从数只率先拉涨停的个股中筛选出 1~2 只股票。它们必须在流通股本、股价绝对高度、题材、业绩及个股日分时图、股价拉涨停的角度与速度等诸方面具有一定特征。

# 第二节　股票市场不好时如何寻找安全买点

　　在股票市场不好时必须要找到最安全买点。

　　股票市场很多机会一不留神就会错过，根本不会给交易者任何思考时间。如果你的分析方法很复杂，不能及时快速做出市场判断，那么就可能被市场淘汰。为了能在市场中生存下去，必须简化所有的分析过程，必须让分析方法简单而有效，能快速地在市场中做出反应。笔者的所有市场分析方法都是以此原则建立的，快速、简单而有效，并要超越传统技术分析，在市场中生存本身就是一种残

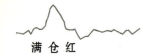
酷的竞赛。单阳不破的 K 线形态也就是这时发现的，它能让我们在瞬间抓住上升行情，方法简单而有效。

单阳不破，就是出现一个大阳之后，后面的几根 K 线没有跌破这个单阳的最低价（如图 8-3 所示）。

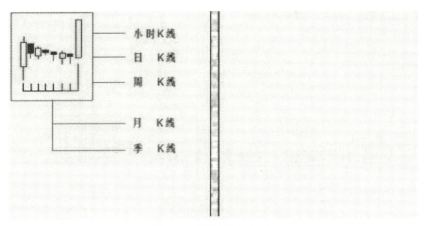

小时K线

日　K线

周　K线

月　K线

季　K线

图 8-3　单阳不破（一）

（1）单阳不破具体的 K 线表现形态为：一根阳线出现后，其后 6~7 根 K 线横向盘整，并且所有低价都没有击穿该阳线的最低价，这就是单阳不破，如果你希望今天刚买入的股票，明天就会快速拉升，那么你就有必要了解单阳不破 K 线形态，它能有助于你更高概率地选中这类股票（如图 8-4 所示）。

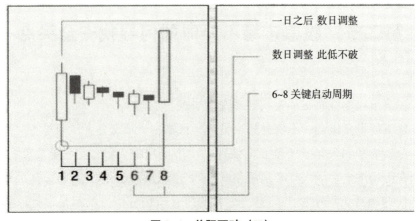

一日之后 数日调整

数日调整 此低不破

6~8 关键启动周期

1 2 3 4 5 6 7 8

图 8-4　单阳不破（二）

（2）"单阳不破"是笔者在 1998 年总结的形态分析方法，其意图在于如何最快速地发现次日就要拉升的股票，现在已经广泛用于各种周期上的趋势分析，比如分时、日线、周线、月线、年线走势等（如图 8-5 所示）。

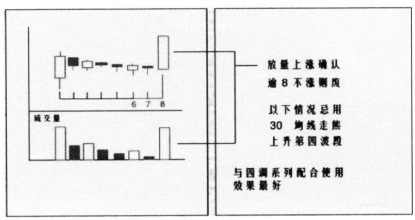

图 8-5 单阳不破（三）

（3）单阳不破一旦有效形成，其调整时间不会超过 8 根 K 线，通常会运行到第 6 根 K 线便进入启动期，行情随时会拉升而起。单阳不破会形成最安全的买点，即一根阳线出现，其后 7 天调整未破其底部，说明市场内在上升力度强劲。即使走势失败，也能顺利出局，风险极小（如图 8-6 所示）。

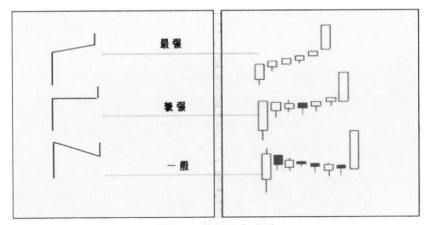

图 8-6 单阳不破（四）

（4）风险投资家，寻找金融市场每一个获利的机会。

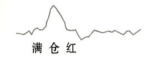
# 第三节　选择买卖点的八大原则和方法

（1）不要追高。短线操作，除非强势股（短线热点板块领涨股），一般不要去追高。尤其早盘急冲5%以上个股，追高容易套在高位（80%的股票都如此）。许多朋友都易犯这样的错误。对于这类股票，要等股价回调后择机介入。

（2）120日均线操作。一般来说120日均线对股价有强大的压力，尤其120日均线处于下降趋势的更是如此。要突破120日均线阻力，需放量才能突破，所以120日均线一般是短线高抛点而不是介入点（对于90%的股票）。

（3）60日均线上之操作。60日均线是一条相当重要的均线，是多空双方的分水岭，是股价开始走强的标志。因此股价上穿并站稳60日均线，对个股而言，具有相当重要的意义。上升的60日均线对股价有支撑，股价上穿60日均线，需成交量配合（有效放大），突破60日均线后一般会回抽确认，只要能确认支撑有效，至少都有一波上涨，高度重视成交量、阻力位的位置及阻力的强弱。60日均线上操作，应用5日均线法则操作。

60日均线对股价也有压力，股价突破60日均线，需要成交量配合（放大）。突破后一般会回抽60日均线，确认突破的有效性。向上运行的60日均线对股价有支撑。短线在60日均线上怎么操作？一定要等回抽确认后再介入。具体来讲，当股价回调到60日均线附近，不要提前介入，因为有些是会跌破60日均线，跌破后能在3日内拉回，也能确认60日均线对股价支撑的有效性。在拉回和在60日均线上收一根阳线后，可认为在60日均线上企稳，第二天又会收一根阴线，再次确认60日均线有效性，第三天收阳或不创新低时，才是介入点，上穿5日均线是加仓点。有70%股票都如此，大家在实战中应留意。

（4）买在5日均线上。短线操作，在股价缩量回调到上升的20日、30日、60日均线上时，获得均线支撑并企稳后，当股价上穿5日均线，是短线买点。5日均线上买入既安全，又能缩短参加调整时间。而股价上穿5日均线是短线上涨的启动点。5日均线买入对于以小阳上穿最为可靠。这个规律操作要点是：①中期均线一定要上行；②回调要缩量；③获得均线支撑并企稳。

（5）卖在大阳线上。当股价经过盘整和以小阴小阳小幅攀升，某日突然拉出5%以上的大阳线，是短线卖出点。如当天没有卖出，第二天也要逢高卖出（不论第二天是冲高，还是回调），因为接下来股价又要进行调整，而调整时间和幅度只有主力知道。这个规律对于目前80%的个股都有用，也是当前大部分人最容易犯的操作错误，也是追涨被套的原因。希望大家在操作中慢慢体会。这个规律对拉升阶段的和题材炒作的股票不适用（其他的20%）。

（6）关注龙头股票。短线操作的选股思路大家都认为，短线操作就是追进强势股、龙头股。甚至有的媒体还说"要做就做龙头股，要把每次操作利润最大化"。但对于大多数朋友来说，在股票没有涨之前，是没有几个能知道哪只是强势股和龙头股的。所以我们在选股时不能见涨就追，不能每天只关注涨幅板前面的股票，正确的思路是在大涨时关注它，分析上涨原因，收集各种资料，确定上涨空间，制订操作计划。做好准备工作后，在股票缩量回调到重要支撑位（5、10、20、30、60、120、250日均线或被突破后的前期高点、平台、重要阻力位）后逢低买入，即买跌不买涨原则。这一原则对于80%的朋友都是有用的，希望大家能结合实际操作深刻体会。

如果关注的股票没有回调，而是不断上涨，此时更应调整好心态，更不应盲目再追，而要更加关注它，因为它就是强势股（龙头股），要记住没有只涨不跌的股票也没有只跌不涨的股票，再强的股票都需要调整。对于股民朋友来说，是宁肯放过不要做错。

（7）短线操作的时间及操作思维。短线的特点是什么？——短。这也是我们最大的优势，因此，在你确定对股票进行短线操作时，就要有"快进快出，赢了就跑，不赢也要跑"的原则和思维。时间最长绝对不要超过2周，不要把短线做成中线，中线做成股东。股市到处都有机会，也到处充满风险和陷阱，控制风险永远要成为朋友操作时考虑的问题。只有控制了风险才能保证赢利，也才能使你保持良好的操作心态。

（8）强势股操作技巧——黄金买点。当个股从底部连续阳线拉升，第一波升幅达25%以上时，我们可以确定它为强势股，对此我们要高度关注它，把它放入自选股，密切关注其后期走势。当缩量回调到第一波升幅的0.618、0.5、0.382三个黄金分割点时，是短线买入点，后市至少有10%升幅。

# 第四节　几种稳健的买入方法介绍

（1）调整到位，技术指标见底。

（2）出现两个低点，且后 B 点没有破前 A 点，开始缓慢走高，可以回吃。

（3）A–B 点黄色线可以理解为支撑线，同样，如果股票跌破这个位置也应做止损线理解，通常长期下跌之后的"三低"股继续破位概率很小（如图 8–7 所示）。

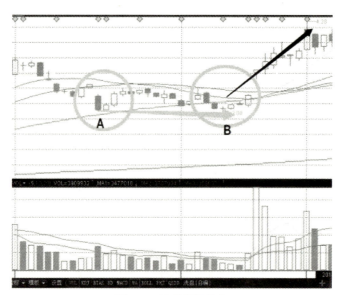

图 8–7　技术指标见底

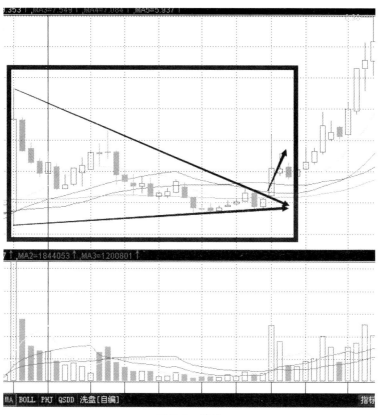

图 8-8　洗盘

图 8-8 为洗盘示意图：

（1）方框内是前期成交密集区，市场成本都在这个位置；

（2）股价回落到低点后，然后带量突破三角形上轨的压制，有向上突破的意义，可以及时跟进；

（3）本条胜算大的群体还是"三低"股。

图 8-9 为三重底形态。圆圈内都是回吃点。黄色线可以理解为三重底的下轨支撑。图 8-9 不属于上升趋势，而是矩形整理的一种形态。

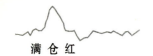

图 8-9 三重底

还有一种类似三重底，如图 8-10 所示。

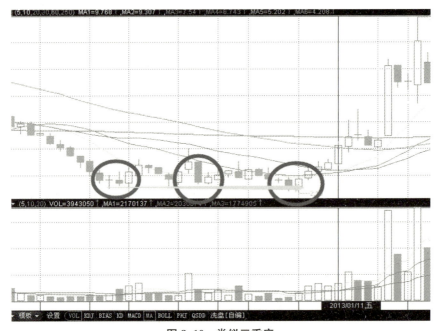

图 8-10 类似三重底

（1）相似于三重底，但不是严格意义的三重底；

（2）黄色线同样是箱底支撑线；

（3）右侧第三个圆圈处有破位动作，但是，这个动作应做空头陷阱理解，投资者应该战胜恐慌果断买进。本条操作胜算大的范围仍然是"三低"股。

连续性原则注意：①必须在复权价位下运用指标；②停牌阶段指标运动失效；③涨跌停板指标失效。

背驰是一种能量积累过程，只有震荡交易才能利于能量的积累与转换。故此，停牌期间 MACD 指标容易失灵。就形成方式看，只有以股价震荡盘升（跌）方式形成的背驰具有较高的判顶（底）信号，那种指标暴涨（跌）后形成的背驰往往是反弹（回调）行情。因为只有逐步震荡的方式才能是能量完全释放完毕而确立顶（底）部。

# 第五节　开盘快速捕捉当天涨停板技巧

## 一、以涨幅榜为序拦击涨停板（五榜合一）

对于每个短线抄手来说，最希望当天就能抓住一个涨停板，因此在盘中怎样拦击涨停板，是我们要研究的一个问题。我们以涨幅榜为序，对当天的涨停板进行拦截，你如用其他的榜进行捕捉也是可以的，但是最直接的、最客观的、最不易遗漏掉一个涨停板的，还是涨幅榜，用其他的榜来拦截易漏掉，会涨的个股可能从你的眼皮底下溜过去。

任何要涨的个股，都要从这个涨幅榜上逐步排挤上去，每天早上一开盘，前 10 名或前 20 名的个股，成为当天的涨停板的概率相当高，这是为什么要以涨幅榜为序拦击涨停板的道理。要按照涨幅榜的排序进行训练，不要去参考其他榜，按照 61、63 涨幅榜分时图（或 CTRL 9 多分时组合图）一个一个翻着看，寻找 K 线组合形态好的（正在突破或突破后回抽确认的、二次攻击前高点、小阴小阳接近前平台，或缩量平台整理、5 弯 10、回挡、短歇、稍长整理等）均线系统按广通的五条均线（5、10、20、60、120 日）设置，只做 5 线顺上 23、MACD 二次

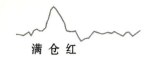

零上红。

## 二、看什么（形态强）

（1）一看跳空缺口。早上9：25以后有5分钟集合竞价时，首先要看跳空缺口，跳空后有的已涨停了，在它们下面还有跳空2个点以上的都算跳空缺口，有的一个跳空缺口5个点，半个涨停板已成定局。早上的跳空缺口是经过了一个晚上基本面的变化和主力操作方案形成的，以及这个方案的泄露情况，如一个利好消息的传播，会造成这只个股跳空缺口。总之一句话，有跳空缺口比没有跳空缺口的好。你可以根据你自己在打涨停板时对跳空缺口看法进行描绘，注意事项要防止倒灌，昨天一个涨停板，今天先在涨停板时给你来一个倒灌，一旦遇到倒灌今天就栽了，你就显得很累。一般前面没有怎么涨过，昨天也没有涨幅的，今天突然跳空缺口有3%~5%，一般来说就比较有苗头了。这是对集合竞价的把握（如图8-11所示）。

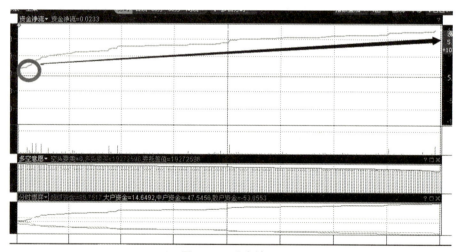

图 8-11　跳空缺口

（2）二看量填满（能量足）。量是对跳空缺口的一个肯定。跳空缺口有没有力度，就是看量，主要是关注它量填满的速度。这个量的展现是跳空缺口形成时出现了量，另一个是在随着交易时间的延续，量也逐渐展开，5分钟，10分钟，量迅速地1/4填满，1/2填满，30分钟全填满，这时K线还在拉起，苗头就很浓了，这种个股很有可能成为今天的涨停板。

量填满的速度要注意研究和把握，在看涨幅榜上抓涨停板，你不要看其他的什么量比等榜，它的量能不能填满，就是看它的红色柱状体，如 10 分钟后柱状体就填满了 1/4 位置，20 分钟、30 分钟红色柱状体升到 5 日均量线的位置，那肯定有戏，再加上以前和昨天都没有涨过的，今天突然拉起。一开盘后，就可以看到它的量是很多很大的。要关注它量填满的速度。不要错误地认为它用 1 天时间填满的也算数，这不算，像这样的个股简直太多了。中午能填满的也不算强势了，最好要求 1 个小时内填满的、半小时半填满、15 分钟起码要有 1/4 的填满，用肉眼看过去就知道了。对量比，换手率也可以感觉得到的。

（3）三看拦截对象（下轨撑）。我们要拦截的对象（即拦截的地方，那些位置最容易出现涨停板的地方）：①筷子斜线；②筷子水平线；③放量打拐；④挖坑掏坑，基本上就是这四种形态。

第一种，"筷子斜线"。先看高点连线组成的筷子斜线。在跌到底部时，主力不愿把便宜的筹码给散户，在这根斜线的尽头可能会突然出现一根涨停板蹿上来，先给你一个高开 3%，五分钟后就把它拉到涨停板，这样好多人就看不懂了，筹码没有了。

第二种，"筷子水平线"。实际上是根 T 线。一旦突破上去就比较轻松，因为这一根水平线下的套牢盘全都解放了，所以这个地方也容易发生涨停板。

第三种，"放量打拐"。放量打拐的地方，它上去后按一定的匀速往上爬，你不用管它让它涨，一般呈匀速向上爬时，K 线呈小阴小阳地走，这里油水是不大的，一旦走到尽头，突然放量，10 分钟 1/3 量填满，开始加速，及时介入，最多运气不好吃一个回挡，也没关系，以后涨起来会相当快，如运气好，它不回挡，就直接上去了。涨停板也不是到处都出现的。它只能在以上这三个位置出现涨停板概率最大。

第四种，"挖坑掏坑"。主力在收集完筹码后先拉升，进行试盘。看看有没有人跟，如发现有人跟，它就会不做，如发现跟的人多，它就会给你一个倒栽进行挖坑，挖坑挖完后看看无人抛售后，马上很快掏，2 个 5% 就上去了，掏的时候动作是很快，它会捡尽所有的低价筹码，不一定涨停的，涨个 7%、8% 也是可能的。我们总结这一节，涨停板出现的概率最大的就是这几个位置。所以一定要注意拦截对象。

（4）操作要领。（分时一口吃）操作时主要注意三点事项：①封锁 234；②分

时走势图形的突破；③涨停前跟进。

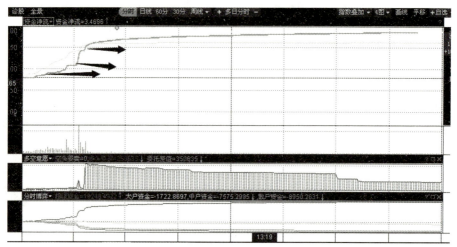

图 8-12　分时图

一要注意封锁 234。要注意的事项，如今天行情比较好，注意 4%以下，5%也可以，经常地要翻一翻看，一个一个地快速向下翻看，找到合适的，4%左右，封锁 234，因早上开盘时，有的个股只有 2%、3%、4%左右的涨幅，如再往上追，当天的油水就不大了，封锁 234，主要图当天的盈利大一点。

二要注意分时走势图形态的突破。要在细微的地方把握好，要打在分时高点连线的突破处，打击位置一定要把握好；如半天能填满 1.5 倍量，下午就要在分时平台突破的地方跟进，不突破就不要追，它有可能会往下跑，造成拦截不成功。图形上要找分时图要向上突破的图形，而且图形要漂亮、流畅、通气，即时线要大多数时间运行在均价线之上，像一张弓的图形，这样它的力度比较大，量填满的速度也快。若分时图形抖动、曲线点子、点与点之间连接很粗糙，这些走势肯定不是热点个股。

三要注意在涨停前跟进。很多优秀的股票，在涨停之后还会有一段涨幅。注意三个方面：①早上开盘后 15 分钟就能涨停，或一个小时、一个半小时之内就涨停，这样的个股是值得一搏的，值得在涨停之前排队排进去。比如说它的卖单上出现最后一笔，马上就要涨停了。如最后一笔是 6.92 元，等它下来成为 20 万股一笔，你要等它一会只剩下 10 万股，再等一会只剩下 5 万股了，你会发现这个个股气势澎湃地往上冲，你再不买就买不到了，你就赶快买进。如买得多，你

就要提前行动，以便在它封涨停前挤进去。一旦涨停后再去排队买进就被动了，有人说那么我提前一分钱买进，不要！你提前一分钱买进，它还有可能要掉下来，一定要等它把最后一分钱的货吃完的时候，它就才是真正的强势股。真正的强势股，把最后的压盘快速扫掉。②要上午必须涨停。下午涨停就没有戏，就比较软，最好一个小时内就能涨停，这样排队排进去，就比较划得来。③相对位置要比较低。最好是今天第一个涨停。如它昨天已有了一个涨停，今天是第二个涨停板去排队，这样第三天的盈利难度就大得多，概率小得多。

# 第九章　股市经验与技巧

## 第一节　牛市、猴市、熊市的操作思路

### 一、牛市行情操盘思路

（1）大跌一段后，6/12/18 均线纠结在一起，量缩后渐放大，长均线在下，指数走平或微升，一根巨量长红启动行情。

（2）指数不破 6 日均线，就算破线但线不弯，就算线弯，碰触 12 日均线即反弹，均线多头排列。

（3）熊市大跌心悸犹存，恐慌心态需调整，抢反弹转为拉回是买点，资金慢慢回流股市。

### 二、牛市选股策略

（1）落底反弹穿头技术面最佳的个股，进可攻，退可守。

（2）落底价稳量缩，领先大盘上涨的个股。

（3）大盘直涨，一段时间后，类股亦出现轮涨，手中持股进入整理时，可换股操作。

（4）注意其他个股也出现短均线纠结在一起，当一根巨量长红，均线拉开时，进行换股。

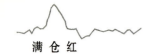
### 三、短线操作的思路

（1）看不懂是猴市或熊市，也是最容易受伤害的行情，此时操作思路偏短进短出。

（2）股价突破五分钟或日 K 线之下降趋势线，短买。

（3）股价站上 6 日均线且 6 日均线翻多，收盘价大于 6 均价千分之四。

### 四、进场之前的多空研判

（1）猴市行情：无论发生在低档或中段或高档，多看少做，不要勉强。

（2）熊市行情：指数大涨一段后，回挡破前低，6/12 均线下弯，短空成立。指数位于 18/72 均线之下，中空成立。144 均线由上扬走平，指数在下，中长期熊市行情开始。熊市就是一直破底，长均线在上方，短均线在下方，均线呈空头排列。

### 五、猴市行情操盘思路

（1）徒弟怕熊市，师父怕猴市，多看少做为上策。

（2）但长均线如果仍在下方顶着，线型较好之个股，当大盘出现巨量长红，多头胜出有望。

（3）而指数已位于长期均线下方，均线下弯，空头胜出，熊市最好远离股市。

### 六、熊市行情操盘思路

（1）经常出现短多行情，一买就套，必须眼明手快不恋战。

（2）反弹就是清仓，保留现金实力。

（3）不要挑战大盘，就算逆势股穿头直上，特立独行，终会被大盘拉下。

（4）最多保留 1/5 资金操作即可，客户赚短价差，营业部赚业绩。

### 七、底部操作的思路

（1）熊市行情中。①频破底；②不创新低反穿头；③拉回不触前低；④再度穿头；⑤短底浮现。

（2）股价经一段时间整理。①价稳量缩；②长均线在下；③短均线纠结；

④巨量长红；⑤中底浮现。

（3）大跌一段之后。①盘跌；②无量下跌；③巨量长红 V 形反转；④中长底部确立。

（4）熊市行情中，不要自作聪明预设底部，操作一定要有原则。

（5）牛市行情：指数大跌一段后，不再破前低，反弹穿越前高，6/12 均线上扬，短多成立。指数位于 18/72 均线之上，中多成立，144 均线由走空翻平，指数在上，中长期牛市行情开始。牛市就是一直穿头，长均线在下方，短均线在上方，均线成多头排列。

# 第二节　"牛股"的共性

曾几何时，牛市来了，投资者们疯狂入市，资金多了不知道买点什么。追高了蓝筹又被套了，似乎节奏永远踏不对，这是什么情况？其实还是贪多而忽略了眼前的幸福或者眼前的牛股，牛市里买涨得高的你未必赚钱，但找到跌得多的且还有补涨潜力的，才能盈利。自从新股 IPO 重启之后，新股次新股的牛市吸引了众多投资者的眼球，当新股首日被限制涨跌幅后，超级聪明的主力只有以开盘"秒停"和"一字板"来诠释他们的炒新决心了，可以说，炒新之心，昭然若揭！但是，不用怕，市场除了新股，还有很多机会，比如个人一直看好的创业板和中小板，牛股同样辈出！即使是普通的个股，只要我们读懂主力的语言，行情一样可以有！我们经常发现自己错过了好多牛股，而这些错过的牛股又似乎都有着一些惊人的雷同之处。认清主力的操盘手法及买卖路线，再遇到这样的个股就会赚钱，不要再被清理出局！

**牛股共性之一**

股价超跌：但凡主力相中的牛股，都以股价低，底部拉升暴涨为主要特点之一，所以，你可以从股价排行中从低价股开始选起，股价最好低于 8 元以下（如图 9-1 所示）。

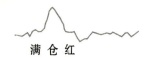

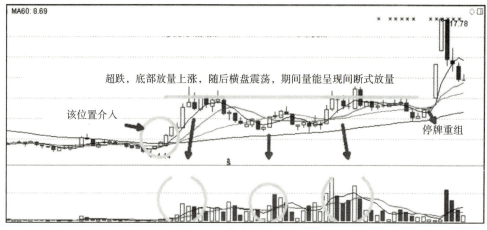

图 9-1　赛为智能周线图

**牛股共性之二**

形态：长期横盘，有些个股股价虽然不高，但若属于下跌末期，还没有经历过至少一年的横盘震荡期，也是不具备牛股条件的。横有多长，竖有多高，前人经验之谈确实经典（如图 9-2 所示）。

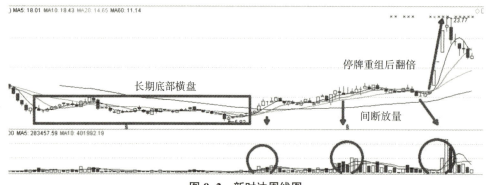

图 9-2　新时达周线图

**牛股共性之三**

量能：底部横盘期间伴随的是量能的温和放大或者是间断放量形态，有些部分价格较高个股则可能出现：在一个阶段性低点堆量上涨的形态，这种也不可忽略，请记住，量能是主力最真实的语言，它不能欺骗任何人。主力进场拿筹码，不可能做到完全让市场没有任何察觉、任何反应，因此，量能就是我们吃透主力意图最关键的语言。

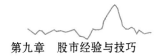

千山药机复牌之后，一路涨至 26 元以上，目前涨到 80 多元了，泪流满面有没有？可见市场是不缺乏牛股的，关键在于缺乏找到牛股的眼光，有时候临门一脚的运气、黎明之前坚强潜伏的勇气都缺一不可，发现机会之后，能否买入并坚定持股更是关键。很多投资者看重短期收益而与牛股失之交臂，扼腕之痛，捶胸顿足都无济于事，重要的是你如何能把握住下一次的机会（如图 9-3 所示）。

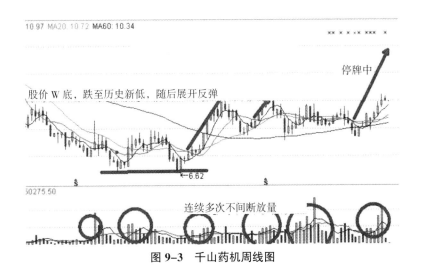

图 9-3　千山药机周线图

# 第三节　技术分析技巧

本部分整理了一些趋势分析最经典的图形，希望大家认真学习，保存，在股市中真正能有自己的方法，在股市中长期生存。

## 一、支撑线和阻力线

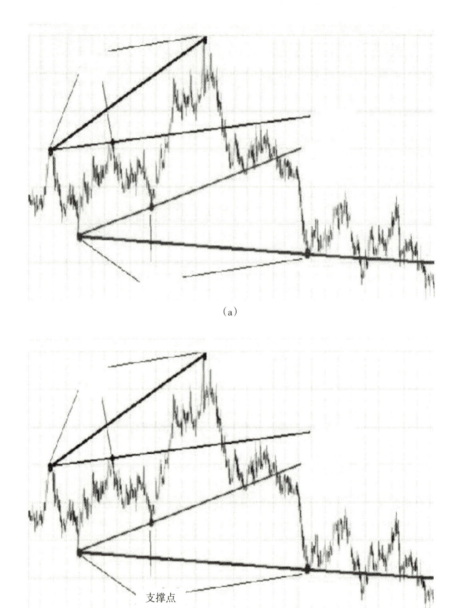

（a）

（b）

图 9-4　支撑线和阻力线

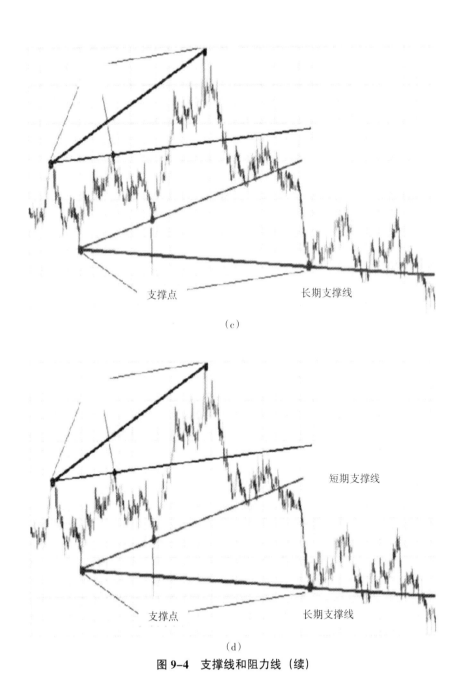

（c）

短期支撑线

支撑点　　　　　　　　　长期支撑线

（d）

图 9-4　支撑线和阻力线（续）

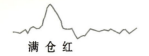
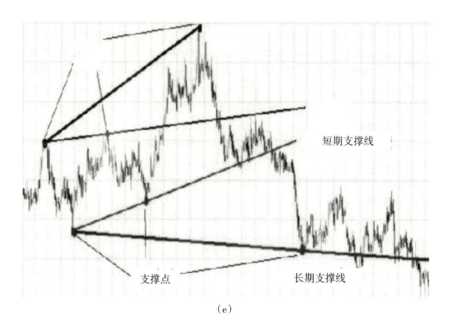

（e）

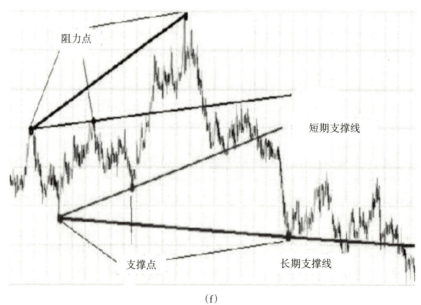

（f）

图 9-4　支撑线和阻力线（续）

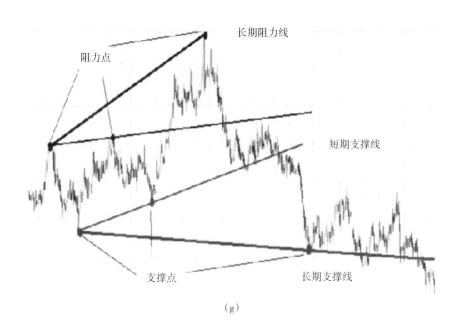

（g）

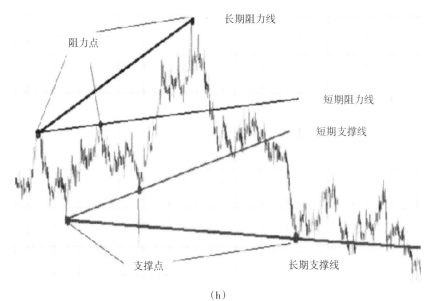

（h）

图 9-4　支撑线和阻力线（续）

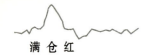

## 二、趋势线的转化原则

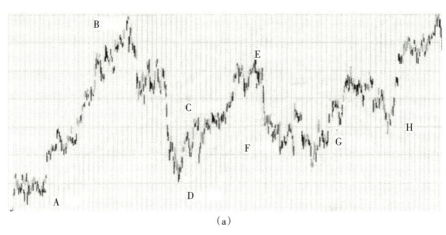

（a）

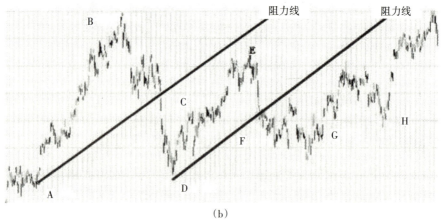

（b）

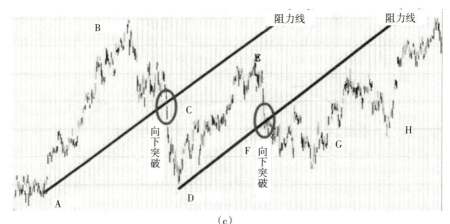

（c）

图9-5　趋势线

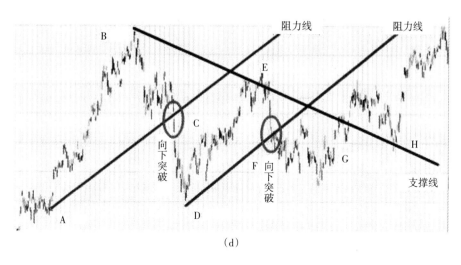

（d）

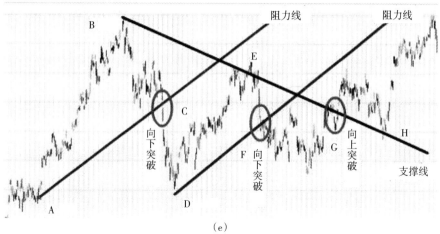

（e）

**图 9-5　趋势线（续）**

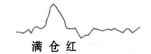

## 三、双峰反转

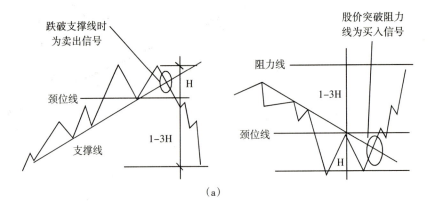

（a）

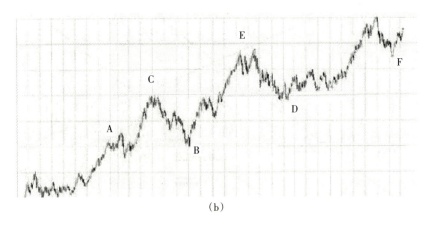

（b）

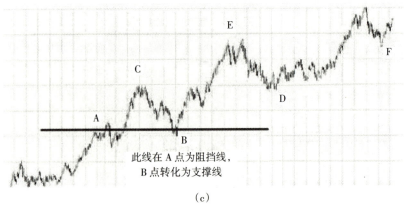

（c）

图 9-6　双峰交转

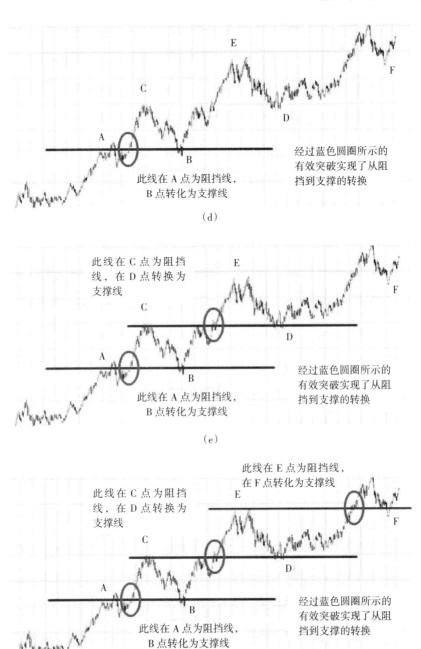

此线在 A 点为阻挡线，
B 点转化为支撑线

经过蓝色圆圈所示的
有效突破实现了从阻
挡到支撑的转换

（d）

此线在 C 点为阻挡
线，在 D 点转换为
支撑线

此线在 A 点为阻挡线，
B 点转化为支撑线

经过蓝色圆圈所示的
有效突破实现了从阻
挡到支撑的转换

（e）

此线在 E 点为阻挡线，
在 F 点转化为支撑线

此线在 C 点为阻挡
线，在 D 点转换为
支撑线

此线在 A 点为阻挡线，
B 点转化为支撑线

经过蓝色圆圈所示的
有效突破实现了从阻
挡到支撑的转换

（f）

图 9-6　双峰交转（续）

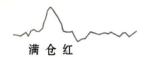
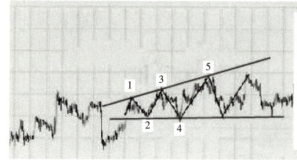

此形态为喇叭形，多数情况下都会形成反转，但也有如图情况，盘整仍按原图形态发展，在第五点最后一个高点是可进场操作

（g）

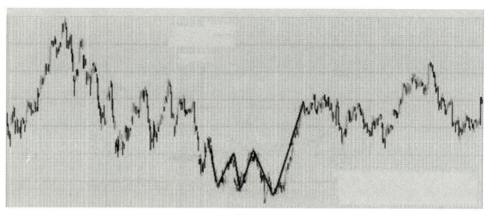

（h）

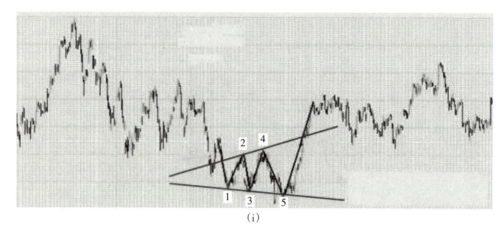

（i）

图 9-6　双峰交转（续）

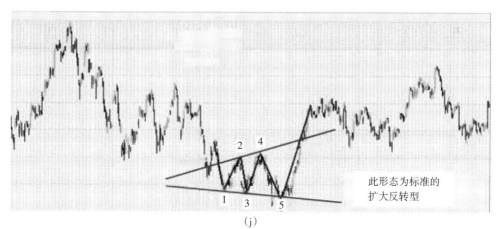

此形态为标准的扩大反转型

(j)

**图 9-6　双峰交转（续）**

## 四、对称三角形

圆圈内为预测涨幅，方框内为买入点和卖出点

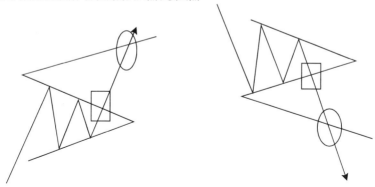

**图 9-7　对称三角形**

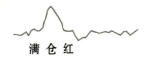
## 五、矩形

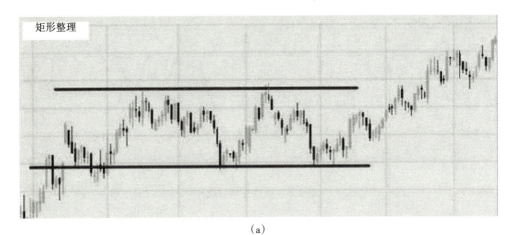

（a）

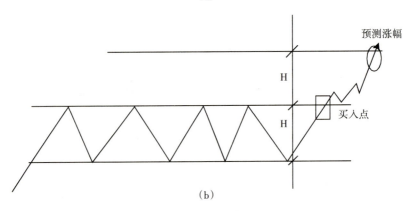

（b）

**图 9-8　矩形**

## 六、旗形

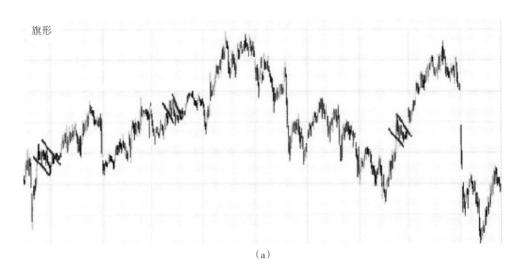

旗形

（a）

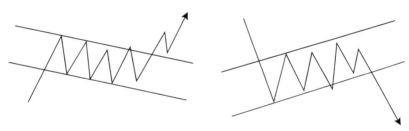

旗形有一个时间标准，即旗形整理时间一般在 7~14 日突破旗形后，上涨的幅度一般都不会少于旗形之前紧邻旗形的那波行情的空间

（b）

**图 9-9 旗形**

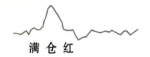
## 七、岛形

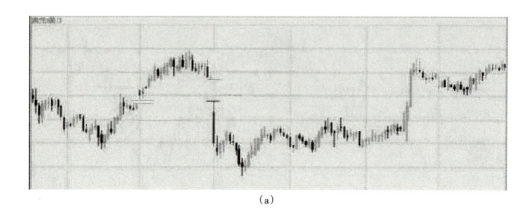

（a）

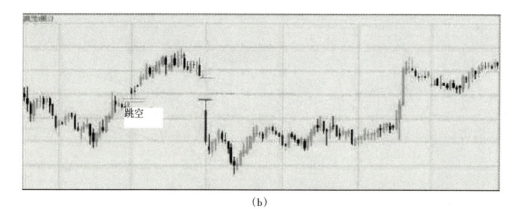

（b）

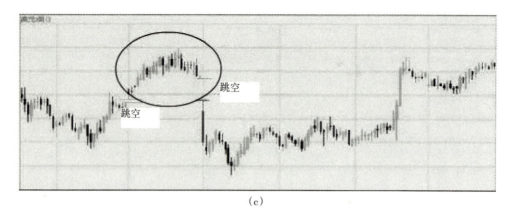

（c）

图 9-10　岛形

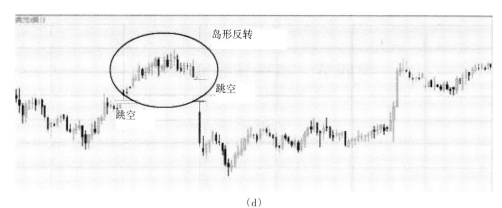

（d）

图 9-10　岛形（续）

## 八、菱形

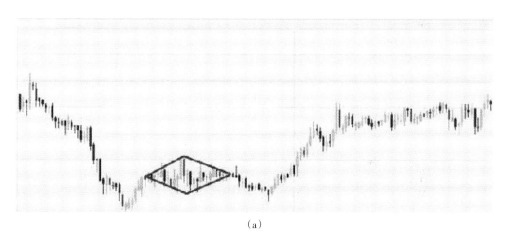

（a）

菱形形态为整固调整形态，
处于顶部反转的可能性较
大，若如图所示出现在中
部，多位调整延续原形态
发展

（b）

图 9-11　菱形

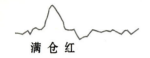

# 第四节　高送转股操作技巧

很多投资者也都意识到高送转股中容易出黑马。但随着这种投资盈利模式的普及，近年来主力的操作手法明显改变，经常是先提前炒作到位，等公布高送转消息时出货。因此，不是每个有高送转方案的股票都有投资机会。投资者在买进高送转股时应注意以下要点：

对于前期已经有可观涨幅的，公布大比例送转消息时，要敬而远之。这类个股在方案公布后，容易迅速转入短期调整。而且涨幅大也说明这类个股存在较大的主力出逃可能性。相反，除权前涨幅不大的个股，由于离主力建仓成本接近，后市填权可能性较大。

看股东人数。有的投资者认为股东人数的急剧减少，意味着高送转个股的机会更大，但实际结果并非如此，越是股东人数急剧减少，越是暗藏风险，因为这往往表明主力资金早已进驻其中。一旦推出高送转题材，主力资金往往会乘机出逃。相反，有些主力资金介入不深的股票，在公布高送转题材后，股价常常会出现急速拉升。因此，后一种股票更加适合投资买进。

此外，上市公司高送转后是否还有后续题材以及后续题材是否能及时跟进，都将直接影响到高送转后是否能填权。当然，大盘运行趋势也直接影响到送转股除权后的走势。当大盘处于牛市中，股价常常会填权，而大盘处于调整市中，股价贴权的概率很大。

投资这类个股，还有几个方面要注意：

一是除权前做横向比较。即在高送转股除权前先按除权后的价值进行横向比较，具体分为投机价值比较和投资价值比较。

二是股价的定位。定位要从长远着手，从除权后的价格分析，如果一只个股除权后仍属于中高价股，投资者要注意定位偏高的风险；如果除权后进入低价股范围，同时业绩没有被严重稀释，则可积极介入。

三是上市公司本身的业绩水平。如某上市公司有新的增长点以及产业前景看好，富有成长性，则股价往往会填权；反之，则容易贴权。

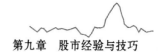

四是注意股票的新旧。有些老股票经过多次送转以后，不仅复权价高得惊人，而且今后缺乏继续大比例送转的能力，这样的高送转题材往往会成为主力出货的良机，投资者不宜参与。而流通盘较小且首次分配的次新股有再次继续送转的潜力，容易被主力长期运作，是适宜投资的品种。

高送转股的卖出技巧：①投资者在参与高送转题材炒作时，要注意控制风险，掌握卖出技巧。②当上市公司公布高送转方案时，涨幅不大、股价不高、未来还有扬升潜力的股票，投资者可以等到除权前后时，择机卖出。③高收益往往蕴含高风险，所以，在炒作该类股票时，要建立风险控制机制，设置止损价位，一旦操作失误，要迅速止损，避免被深套。

如某上市公司在公布高送转方案前，股价就已经大幅飙升，一旦公布具体方案时，投资者要谨防"利好出尽是利空"，应果断逢高卖出。

高送转股除权后应重点关注量价变化，识别主力是真填权还是假填权，如某股价缓缓上涨，走出试图填权的形态，但价格累计升幅不大量能却持续性放大，则可以判断为假填权。凡是遇见假填权或无力填权的送转除权股，投资者都应及时了结。

# 第五节　散户解套的一些方法

进入股市的投资者几乎都被套牢过，这是一个人人不愿提起，但又人人不能回避的问题。它是每个投资者迈向成熟的一道必经门槛。既然不能简单回避，就要勇敢地面对它，找出适合自己的解决方案。

## 一、主动性解套策略

（1）斩仓：当发现自己的买入是一种很严重的错误，特别是买在前期暴涨过牛股顶峰时，这时一定要拿出壮士断腕的决心，及时斩仓割肉，才能丢车保帅。只要能保证资金不受大的损失，股市中永远有无数的机会可以再赚回来。

（2）换股：手中的股被套牢后处于弱势状态，仍有下跌空间时，如果准确地判断另一只股的后市上涨空间大，走势必将强于自己手中的品种，可以果断换股，以新买品种的盈利抵消前者的损失。

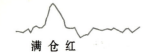

（3）做空：或许有人认为中国股市没有做空机制，不能做空，这是错的，被套的股就可以做空。当发现已经被深套而无法斩仓，又确认后市大盘或个股仍有进一步深跌的空间时，可以采用做空方式，先把套牢股卖出，等到更低的位置再买回，达到有效降低成本的目的。

（4）盘中T+0：按照现有制度是不能做T+0的，但被套的股却有这个先决条件，要充分加以运用。平时对该股的方方面面多加了解，稍有风吹草动，就进去捞一把，现在佣金下调，成本仅几分钱，进出很方便。

### 二、被动性解套策略

（1）摊平：当买入的价位不高，或对将来的大盘坚定看好时，可以选用摊平的技巧。普通投资者的资金通常只能经得起一两次摊平，因此，最重要的是摊平的时机一定要选择好。

（2）坐等：当已经满仓被深度套牢，既不能割，也无力补仓时，就只有采用这种消极等待的方法。只要是自己的钱，只要不是借的，贷的，还怕不能等吗？

最后的解套策略也是最好的解套策略，那就是你对自己的心态把握。套牢后，首先不能慌，要冷静地思考有没有做错，错在哪里，采用何种方式应变。

千万不要情绪化地破罐子破摔，或盲目补仓，或轻易割肉地乱做一气。套牢并不可怕，扬百万曾说过："有时候不套不赚钱，套住了反而赚大钱"，我深有同感。所以，不要单纯地把套牢认为是一种灾难，如果应变得法，它完全有可能会演变成一种机遇。

# 第六节　为什么操作强势股票

进入股市，我们都想尽快获得利润。在只能做多不能做空的市场情况下，获得利润的唯一方式只能是股价的上涨。股价上涨一般来说有两种模式：一是突破底部盘整的上涨，二是上涨趋势中的上涨。

我们买入从底部上涨的股票，看似稳健，其实却有很大的风险。风险有两个方面：一是时间的风险，你不知道处于底部的股票要盘整多久，在你等待的时间里，可能你就错过了最好的行情。像 2006 年的股市，这么火爆的行情，却有不少朋友的股票跑输了大盘，持有的股票始终在底部横盘。二是继续下跌的风险，底部横盘很可能是下跌的中继，对于一个处于大型下跌趋势的个股，轻易言底，是件很冒险的事。

所以说，我们应该摒弃喜欢抄底的习惯，多做趋势向上的股票。"趋势一旦形成必将延续"这句话就是告诉我们：一个处于上升趋势的股票，它的上涨概率要大于下跌的概率。同时由于股票的价格现在正在上涨，我们获利的时间也是很快的。

虽然处于上升趋势的股票优点明显，但朋友们还是会感觉操作这种股票很危险，毕竟已经涨了很高了，随时有下跌的可能。然而这种顾虑就像一层窗户纸，捅破了朋友们就会觉得没什么了。

我们下面重点阐述的是捅破这层窗户纸。内容很简单，就是只做强势股票。

## 一、强势股票的模型

要想操作强势股票，我们首先得知道什么是强势股票。说到强就要有个参照物，强是相对的，在实际判断时就是通过参照物来判断一只股票的强弱。这个参照物可以是多样的，有时候是大盘，有时候是股票自己的历史，有时候是股票所处的位置。一般来讲，我们将强于大盘、强于自己、在区域之源之上、高控盘的股票都称之为强势股票。

由于参照物选取的不同，不同的强势股票会有不同的形态。但万变不离其宗，强于参照物的特点，是强势股票的根本特性。下面就来一一讲述不同形态的强势股票。

### 1. 强于大盘

大盘指数是众多股票按一定规则计算出来的，也可以看作是一只股票。大家都知道这么一个特点，就是很多股票的走势与大盘的走势很近似，它们总是随着大盘的涨跌而涨跌。因此，如果我们以大盘为参照物，一只股票的走势一段时间比大盘走势强，那就说明这只股票是一只强势股票。

这样股票的市场意义也是很明确的，那就是大盘在一段时间内下跌，某只股票的主力为了不让股票下跌，必然要通过资金去维持股价；既然在大盘下跌的时候，主力有资金进入，在大盘走好的情况下，主力当然更要利用机会去拉升股票了。在走势图上会形成这么一个特征，个股走势的最低点一波比一波高，与此同

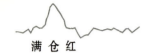

时的大盘的低点却一波比一波低，在大盘出现转机的时候，个股快速拉升，整体看来大盘与个股的对比图像一个开口的喇叭（如图 9-12 所示）。

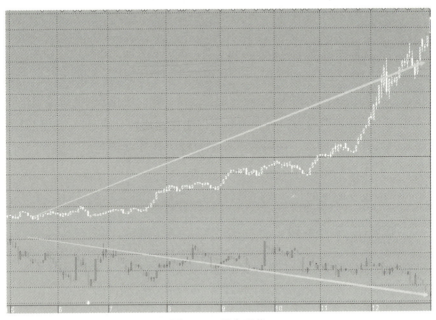

图 9-12　烟台万华

这是烟台万华 2002 年 11 月~2005 年 5 月的一段走势。2002 年 11 月~2004 年 12 月，烟台万华走出了斜向上的走势，与此同时，大盘却走出了斜向下的走势。这就说明这一段时间里，烟台万华是强于大盘的，此时的烟台万华是个强势股票。

接下来，我们又看到 2005 年 1~5 月，烟台万华出现了快速的拉升，而大盘却在不断下跌。

通过对比，我们发现尽管在 2002 年 11 月~2004 年 12 月烟台万华的股价上涨了很多，但是它的走势比大盘强，并且上涨是在大盘下跌的情况下发生的。这说明这一段时间里是有资金在不断往烟台万华里面进的，资金的进入终究是要获利的。因此，我们应该积极参与强势股票烟台万华的这段走势。

2. 强于自己

说到强于自己，可能有朋友要问了："自己怎么能强于自己呢？"说强于自己，那是以自己的过去为参照物来进行比较的。就像一棵树，去年还是棵小树苗，今年它已枝繁叶茂了，那今年的它就比去年强。相对于去年来说，现在的它就是强势的。

同样的道理，如果一只股票现在的股价接近了过去的高点，或创出了历史新高，那这只股票相对于它的过去来说就是强势的，此时的它也就成了强势股票了。这就像一个接近或刚破了自己历史纪录的运动员一样，此时的他肯定是最强最好的。这样的运动员就值得我们去培养了，这样的股票也就值得我们去投资了。

2006 年下半年到 2007 年上半年是中国股票史上一段精彩篇章，有许多的股票都出现了突破历史高位后的大幅拉升。这些创新高的股票，一个个牛气冲天，一扫前几年的病态。同时也带动了大盘的快速上涨，使整个市场出现了前所未有的强势。

对一只股票来说，如果它要准备上涨，那它要不断克服获利盘和解套盘的压力。对于一只创新高的股票来说，它只有获利盘的压力。如果它在上涨过程中适时地震荡一下，那它的上涨压力会更小，未来要拉升的高度将十分可观。这样的强势股票，我们为什么不去紧紧地抓住呢（如图 9-13 所示）？

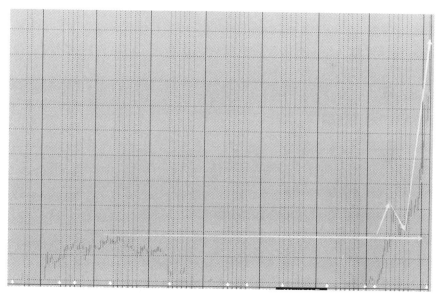

图 9-13 宝新能源

宝新能源（000690）的走势。2006 年 7 月宝新能源突破了 2001 年 6 月所创的历史高点。此时的宝新能源就是一只强势股票，在没有解套盘的压力下，它极

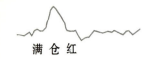

有可能先拉高一点再回抽洗盘，最后再拉升。

事实上，朋友们也看到了，其在 2006 年 9 月回抽不破前期的历史高位（2001 年 6 月的高点）后，展开了一波凌厉的上涨，而走势就是我们积极参与的。

看到这里，对于那些突破历史高点回抽不破再拉起的股票，朋友们是不是应该大胆地介入呢？

3. 在区域之源之上

所谓区域之源是上市第一天的最高价和最低价所形成的区域。这个区域是一个有很强支撑和阻力的作用区域，对股价未来走势具有特殊的作用。并且，凡是在区域之源之下形成的上涨都叫反弹，而在区域之源之上形成的上涨才是真正的主升浪。

为什么这样说呢？就像把一颗种子种到地里，如果我们把地面称之为"区域之源"，无论这个种子在地下怎么生根，怎么发达，只要它不突破地面，都不能称之为真正的成长，那些始终只是一个蓄势的过程。只有当它冲破了地面，才有可能长成参天大树，这时的它才是真正的成长。

就股票而言，一只运行在区域之源之下的股票，有时尽管它已翻番，那也只能看作是个反弹，是一个为以后主升浪做准备的蓄势过程，还不能称之为强势股票。只有当一只股票的价格运行到了区域之源之上，它才会摆脱区域之源的束

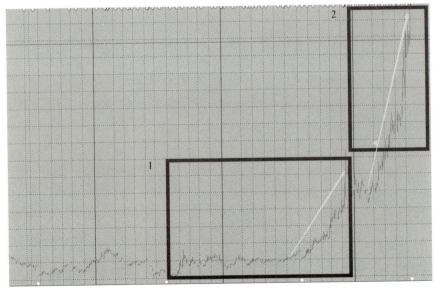

图 9-14 浦发银行

缚，展开惊心动魄的上涨（如图 9-14 所示）。

在框 1 处，尽管股价从最低的 4.80 元上涨到 12.88 元，已翻番，但那只是反弹走势，不一定是强势股票。只有当浦发银行突破了区域之源，走到框 2 处才是真正的主升浪，此时的它才是强势股票。

说到这里，朋友们还要明白一个道理，不是所有的股票，突破了区域之源后就立刻展开上涨的，可能会有一段时间的震荡。但是真正的牛股一定是突破区域之源后展开上涨的。

因此，我们应该做区域之源之上的、处于上升趋势的股票（如图 9-15 所示）。

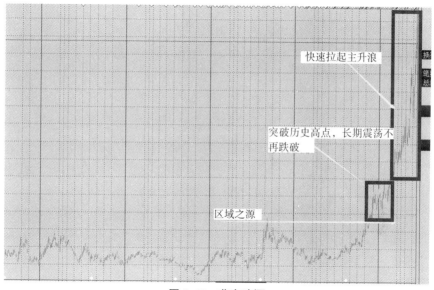

快速拉起主升浪

突破历史高点，长期震荡不再跌破

区域之源

图 9-15　燕京啤酒

该股上市后不久就突破了区域之源，此后长期在区域之源之上横盘震荡，每次都是触及区域之源后被拉起。2006 年 5~12 月，突破了 1999 年 8 月的历史高点后震荡不破，于 2007 年 1 月再次展开快速上涨。2007 年的方框处就是属于强势股票，也是我们应该介入的时机。

4. 高控盘的股票

既然是高控盘，那必然是强势股票，这点朋友们应该没什么疑问的。打蛇打七寸，说的是打击敌人要打击敌人最薄弱的地方和环节。对于一只股票来说，主力吃饱货的时候也是其最脆弱的时候，此时的主力只有继续往上拉才能获利，才

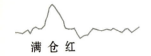
能不套住自己，因而这时也就成了散户最安全的时候。

高控盘的股票其市场平均成本具有极强的支撑作用，如果一只股票形成高控盘走势后，再缩量回调到市场平均成本附近，那此时往往就是应该介入的时机。高控盘的股票只要不出现放量的过程，就始终是安全的（如图 9-16 所示）。

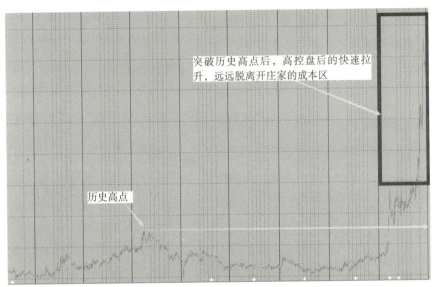

突破历史高点后，高控盘后的快速拉升，远远脱离开庄家的成本区

历史高点

图 9-16　山西汾酒

我们看到山西汾酒经过一段时间的高位横盘后，主力获得了充足的筹码，形成了高控盘。在 2007 年 1 月（方框处）走出了强劲的上涨走势。

上面列举了几种强势股票的模型，在实际的应用中往往要将几个模型结合在一起综合考虑，才能提高成功率。朋友们，操作股票不能生搬硬套，应该去理解一种模式背后的含义。

## 二、强势股票的市场意义

前面谈到了强势股票的一些形态，这是形，或许还不能让朋友们把握强势股票的意义。下面我们再从意的方面阐述强势股票，形意结合就能让朋友们理解得更透彻了。

要了解强势股票的市场意义，就要搞清楚强势股票为什么会强，为什么能强，又是怎样强的？下面将从几个角度回答这个问题。

1. 从资金的角度

一般情况下，市场中主力与散户总是相对立的，他们之间的关系就像跷跷板的两头。在高位的时候，主力用筹码与散户交换资金；到低位的时候，主力再用资金与散户交换筹码。主力获取的利润就是这高低位筹码的差价，散户则反之。因此，散户如果要赢利，思维必须顺着主力走，而不是想当然地与主力对抗（如图 9-17 所示）。

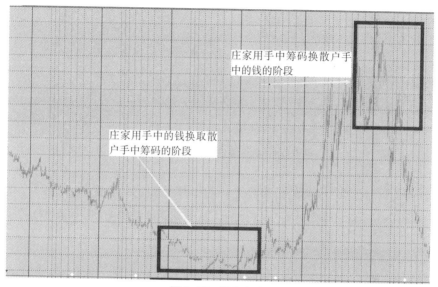

图 9-17　资金角度

这是个简单的市场模式。现在的市场不仅仅是主力与散户的博弈，更多的时候变成了主力与主力之间的博弈，不同能量级别主力之间的对抗。

现在市场的构成越来越多样化，有散户投资者、公募基金、私募基金、国外资金等。就像一个草原，原来是一群狼和无数群羊之间的角逐；后来羊越来越少，狼越来越多，更可怕的是还来了不少狮子，整个草原变得越来越残酷。

在这种情况下，主力还想以原来的模式，低买高卖，似乎就有些困难了。那怎么办呢？他们更换了原来的思路，先在低位建一部分仓，让自己有一定的话语权。再利用这个底仓做波段。股价高了抛一点低了捡回来一点，通过这种仓位调整，让自己的平均成本比市场成本低很多，最后在市场走势配合的情况下，拉升赢利。

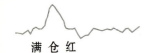
通过下面泰达股份走势的分析，我们可以清晰地看到主力运作的过程（如图
9-18 至图 9-21 所示）。

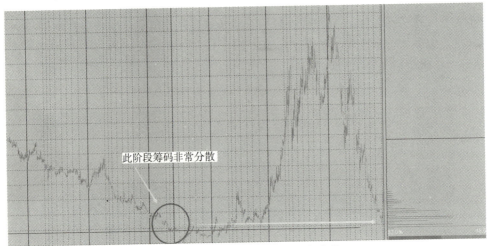

此阶段筹码非常分散

**图 9-18　泰达股份 2004~2007 年走势**

2005 年 6 月底，该股的价格经过一轮下跌见到了一个低位。此时，我们注
意到这个低点右面的筹码分布十分分散。从前期下跌的高点到近期的低点都有。

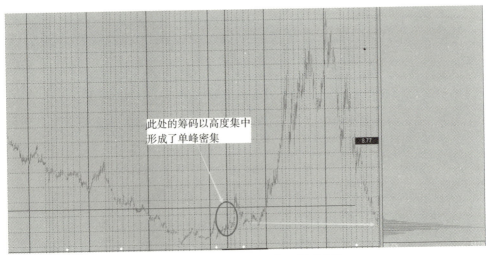

此处的筹码以高度集中
形成了单峰密集

**图 9-19　泰达股份 2006 年 3 月底走势**

2006 年 3 月底，我们注意到此时的筹码分布已经很集中了。而且从 2005 年 6 月底到 2006 年 3 月底的这段时间的走势，是个小幅横盘向上的走势，成交量相对于前面的下跌时期也有一点放大，这就是主力在建底仓。建底仓的目的是要对这只股票有话语权，注意不是控制权。

既然低位的筹码已经很集中了，如果此时主力再在这个价位收集筹码，也会收集到，但收集的效果和效率就会大打折扣了，因为在这个价位卖出的人已经越来越少了。因此，主力选择了拉升再建仓，将股价拉升到前期的历史高位，让所有的人都解套（框 1 处）。在拉升的过程中，成交量较前期横盘时又有明显的放大，这是解套筹码的涌出所造成的。

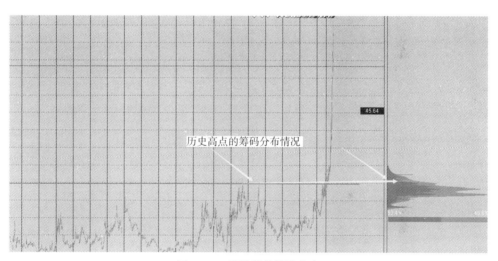

图 9-20 泰达股份筹码分布

当拉到前期高点处时，我们又注意到此时的筹码分布又变得分散了，整个的筹码分布跨度又很大了（框 2 处）。

泰达股份从 2006 年 7 月突破前期历史高点后，一直在前期的高点之上横盘振荡到 2007 年 1 月，并且此时的成交量有了有效的放大。这段走势说明主力通过前期低点建的底仓，取得了话语权，然后再拉升到前期历史高点之上来回振荡，再次建仓，当筹码分布再次趋于集中的时候（框 2 处），就是真正拉升的时候。

股价运行到这里，尽管已经很高，并创出了新高，但这时的股票却显示出了典型的强势特征。通过前面的分析，我们知道此时才是这只股票价格真正上涨的

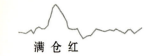

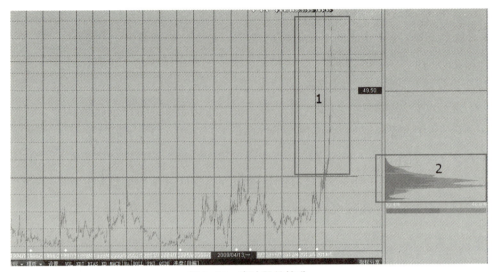

图 9-21　泰达股份拉升

时候。因此，我们应该大胆地介入（框 1 处），享受这段强势所带来的利润。

　　市场走势是由资金的运作决定的，资金尤其是大资金进入市场，总是要赢利赚钱的。尽管这些资金的进入，表现在股价走势上的形态各不一样，所造成的股价的高低也有所不同。但是大资金的进入会让股票在某种形态上表现出强势，可能主力会掩盖一时，但它终究不能掩盖一世。只要这些进入的资金没有出来，股票就是相对安全的。套用一句话："一鼓作气，再而衰，三而竭"，如果说大资金的进入是一的话，那我们操作的目标就是二，因为这时既是强势又没有太多的风险，毕竟后面还有个出货的三呢。

　　股市里没有百分之百的正确。我们要做的就是在尽可能规避风险的基础上操作股票，这就是我们要操作强势股票的原因之一。

　　2. 从板块的角度

　　股票可以根据其各个方面的特性，被附属到很多板块。尽管股票价格的上涨是由资金推动的，但在其拉升过程中主力会制造出各种名目和题材，以配合股价的上涨，以达到事半功倍的借力作用。在一段时间内，由于属性的相近性，在盘面会出现相同板块股票价格的齐涨齐跌，这种整个板块联动的特点，就叫板块效应。

　　在一轮上涨行情中，不仅会出现板块效应，而且还会出现板块的轮动。刚开

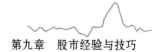

始启动这个板块，涨一段时间后，这个板块开始进行调整，再换成另外几个板块上涨，等那几个板块上涨了一段时间后，前面调整好的板块再次上涨，如此循环直到行情见顶（如图9-22所示）。

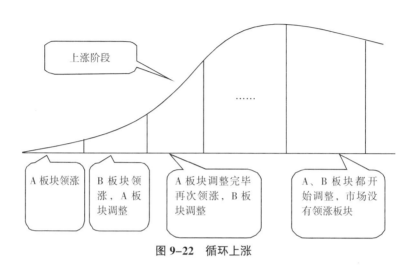

图 9-22 循环上涨

事实上，行情见顶的一个标志就是没有了领涨板块。这种板块轮动特点，就像打仗时的冲锋陷阵，这个部队先冲锋，过段时间补充装备和人员，换其他部队上去，等休整好了再把其他部队换下来，接着冲锋。由此可见，股市是个很讲究谋略的地方。所以我们在操作股票的时候也要有自己相应的市场策略，不能被市场牵着鼻子走而踏错节奏。

由于行情的上涨是以板块轮动的方式开展的，因此我们在选择股票的时候就要选择那些领涨板块的股票。这些领涨板块就是强势板块，强势板块的强势股票价格上涨的概率最大，上涨的时间最快。这些股票就像一个年轻人，充满了朝气和冲劲，最会为理想而奋斗，也最容易成功。通过下面的例子我们可以清晰地看到这个特点。

2006年12月推出的强势板块及股票，它揭示了2006年12月房地产板块是操作的重点（如表9-1所示）。

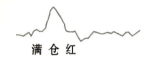
表 9-1　房地产板块为主流板块

| | | |
|---|---|---|
| 600663 | 陆家嘴 | 房地产开发与经营业 |
| 000046 | 泛海控股 | 房地产开发与经营业 |
| 000608 | 阳光股份 | 房地产开发与经营业 |
| 000402 | 金融街 | 房地产开发与经营业 |
| 000002 | 万科 A | 房地产开发与经营业 |
| 000006 | 深振业 A | 房地产开发与经营业 |
| 600383 | 金地集团 | 房地产开发与经营业 |
| 600322 | 天房发展 | 房地产开发与经营业 |
| 600675 | 中华企业 | 房地产开发与经营业 |

经过一两个月的运行，其结果是什么呢？

经过两个月左右的运行，2006 年 11 月底给出的 9 只房地产板块的强势股票，截至 2007 年 1 月 26 日，平均盈利达 37.8%，最高盈利达 65.71%，没有一只失败，战果十分显著。

我们应该做强势板块里的强势股票。这些强势股票的收益率和稳健性都非常高。通过比较我们还发现，尽管它们都上涨了，但上涨的幅度是不一样的。最高超过 50%，最低才 20%。就是告诉我们，板块有领涨板块，而领涨板块里面还有领涨股票，这个领涨股票就是龙头（如表 9-2 所示）。

分析到这里，我们可以更精确地讲：操作股票就应该操作强势板块里面的龙头股票。就拿上面的例子讲，9 只房地产股票中的龙头股票就是万科 A。

表 9-2　房地产板块股票

| 名称 | 0612 开 | 0612 最高 | 实际利润 | 最高涨幅 | 所处位置 |
|---|---|---|---|---|---|
| 陆家嘴 | 12.73 | 13.51 | 9.62% | 43.05% | 接近历史高位 |
| 泛海建设 | 14 | 19.4 | 38.57% | 65.71% | 大幅创新高 |
| 阳光股份 | 9.15 | 9.59 | 4.81% | 20.11% | 接近历史高位 |
| 金融街 | 13.7 | 18.03 | 31.61% | 32.99% | 大幅创新高 |
| 万科 A | 12.06 | 15.93 | 32.09% | 60.59% | 大幅创新高 |
| 深振业 A | 12.54 | 14.61 | 16.51% | 28.23% | 接近历史高位 |
| 金地集团 | 14.55 | 19 | 30.58% | 37.46% | 创新高 |
| 天房发展 | 5.79 | 6.3 | 8.81% | 21.76% | 吸筹式上涨 |
| 中华企业 | 10.09 | 11.3 | 11.99% | 30.72% | 创新高 |
| 平均 | | | 20.51% | 37.89% | |

纵观万科 A 的历史走势,它是个典型的大牛股,自上市以来一直在区域之源之上振荡向上,它能成为 2006 年 12 月房地产板块的龙头也就不奇怪了,看来凡事都有因有果(如图 9–23 所示)。

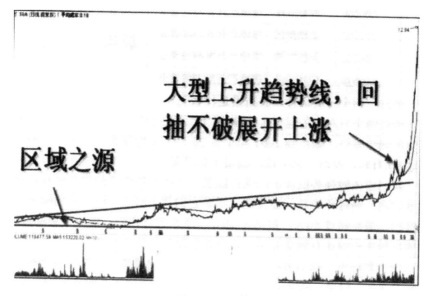

图 9–23 万科 A

截至 2007 年 1 月 26 日,万科 A 的股价累计上涨了 75 倍左右。如果以 1 万元在万科 A 上市之日买入的话,现在已经是 75 万元了,多么惊人的利润,股市就是这么神奇。当然,这又从侧面证明了区域之源之上的股票才是强势好股票,才会形成真正的主升浪。

有的朋友也知道龙头股票好,可是在实际操作中,总是不太敢买。因为既然是龙头股票,必然已经涨得很高了,害怕呀。他们往往会选择那些龙头股票所在板块里还没涨起来的股票,认为这是很稳健的做法。

然而,这却是个错误的思维。为什么呢?有句话不是说吗:火车跑得快,全靠车头带。这龙头股票就像是火车的车头,同板块没有涨起来的股票就像火车的车厢、轮子等部件。如果真的火车头都不动了,那火车的身子能动吗?因此,朋友们应该突破原有的思维障碍,果断操作强势板块的龙头股票。

3. 从稳健性的角度

尽管市场中没有百分之百成功的模式,但是我们在操作股票的过程中,还是

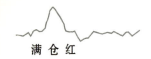

要尽量提高每一次进场的成功率，选择操作强势股票就是基于这个稳健性的选择。

朋友们都知道股票之所以变强，是因为有资金尤其是有大资金入驻。大资金的进场与离场不可能像小资金一样快速和随意，它们的进和出都是要有一个过程的。它们进出都是有计划性的，总是先于小资金进场，先于小资金离场。

虽然，大资金在进入和退出的过程尽量遮掩其真实的目的，但由于其资金量大的特点，总会在盘面留下蛛丝马迹，那就是大成交量、大换手率。既然这样，我们是不是可以这样理解，只要一只强势股票没有出现高位放量的过程或一段时间高换手率的过程，我们就可以认为它是安全的，那我们应该去操作它（如图9-24所示）。

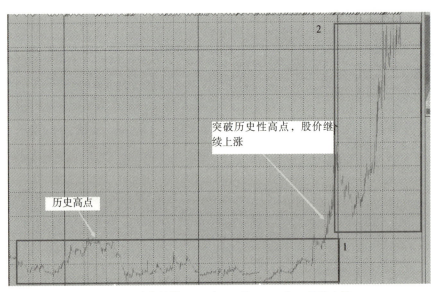

图 9-24　驰宏锌锗 2005 年 12 月~2007 年 1 月的走势

通过观察，我们发现从 2005 年 12 月底~2006 年 5 月底，驰宏锌锗有过一波凌厉的上涨（框 1 处），创出了历史新高。在随后的半年里，它一直横盘振荡，尤其值得我们注意的是这期间它的平均换手率维持在 5% 以下这么一个低水平上，这就明确地告诉我们它没有出货。当股价突破前期的历史高点，再次表现出强势特征的时候（框 2 处），我们的介入就是稳健和恰当的了。

上面这个例子显著说明了强势股票的安全性，在理论中有两个技术双强模式和波动四法，它们分别从中线和短线的角度也同样能说明强势股票能稳健获利的特性。

　　所谓双强模式就是一只长期趋势强于大盘，短期趋势也强于大盘的股票（在证券论坛里有详细的关于双强模式、波动四法的讲解和心得体会）。通过双强模式，我们能轻而易举地把握一只股票的长期属性，是强势还是弱势。凡是属于双强模式的股票，都是未来的大牛股，在未来都有大幅的上涨。反之，很多大牛股都是以双强模式走出来的。双强模式的股票走势，切切实实地告诉我们强势股票稳健的赢利性（如图 9-25 所示）。

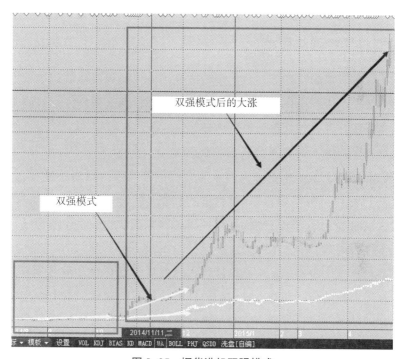

图 9-25　振华港机双强模式

　　振华港机是港口机械的龙头，基本面的良好特征，反映到股价上就是个长期的牛股。我们可以看到从 2001 年 6 月到 2005 年 6 月，振华港机的股价走势是斜向上的，而此时的大盘走势却是斜向下的。也就是说，在股票市场的几年大熊市中，振华港机仍然能不断攀升向上，明确地说明了振华港机在此期间有资金介入。

　　2005 年 6 月~2006 年 3 月大盘见到了底部，并在底部振荡，此时的振华港机也随着大盘振荡。尽管如此，振华港机的走势还是强于大盘的，这段走势是典型的双强模式走势。在 2006 年 4 月伴随着大盘的上涨。振华港机开始了它的上升

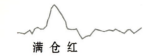

征途，从那时到 2007 年初，它上涨了 5 倍。而这段时间的振华港机就是我们应该介入操作的。

我们知道符合双强模式的股票都是适合操作的强势股票，这些强势的走势是通过一个个强势的波动来实现的。而这一个个强势波动中就蕴含了波动四法这么一个买入方法。所谓波动四法是波动买入的 4 个方法和 4 个位置。它们的名称是激进买点、稳健买点、突破买点、不破买点。波动买点在任何时间都会出现，这是因为大盘永远开放着，有大盘就有强势个股，有强势个股就有强势波动，有强势波动就有无数个波动买点，有买点就可以有机会赢利。

### 三、怎样寻找强势股票

了解了强势股票的特性后，我们应该改变不操作强势股票的思维，大张旗鼓地操作强势股票。说到操作首先要有个操作的目标，那么怎样才能找到强势股票呢？下面将介绍几种寻找强势股票的方法。

1. 用一段时间涨幅的排序寻找强势股票

朋友们都知道，演员们都非常喜欢有较高的曝光率。因为一旦曝光率高了，他的人气就上来了，他就会红。走红后他的片酬、代言等价格就高了，于是就有了一线、二线演员之分。尽管他们经常使出种种非正常的手法炒作自己，但这却是娱乐圈不二的法则。

道理是相通的，股票市场也是这样。一只强势股票必然是明星股票，它们会经常出现在涨幅榜前列。并且一旦它们出现板块效益的时候，市场中相应的论据如重组、高送配、高成长等都会适时出现。这样一来，在涨幅榜和相关媒体的曝光率不断提高的情况下，人们就会不断地认为这些股票好，不断地涌入这些股票，这些股票也就顺应潮流不断上涨。

爱美女士都有一个特点，就是始终紧跟潮流，不管今年流行的式样是否适合自己，只要是流行的，穿上去总没错，这个流行就是强势，它让你别无选择地追捧它。股票也是这样，不管它的题材、业绩怎么样，只要最近老在涨幅榜前列，它就会成为大家喜欢的对象，它就是强势股票。这样的股票，我们就应该去追、去赶潮流。

前面曾说过，2006 年 12 月的强势板块是房地产板块，我们来看看是否能在 2006 年 11 月通过这些股票在市场中的表现去发现它们呢？我们将 2006 年 11 月

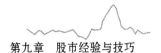

涨幅榜进行排序（上海 A 股），看看排在前 20 名的结果是什么。

通过分析我们发现，2006 年 11 月涨幅榜排名前 23 名中属于房地产板块的股票有 11 只，几乎达一半。这个排名的结果清清楚楚地告诉我们，近期房地产板块是强势板块，我们应该追逐这个潮流。

我们再来看看 2006 年 10 月的涨幅榜（上海 A 股），看看排在前 20 名的结果是什么。通过分析，尽管我们没有看到像 2006 年 11 月房地产板块那么明显的强势板块，但我们仍然能发现一些蛛丝马迹，即有四只钢铁板块的股票（鹏博士、济南钢铁、凌钢股份、武钢股份）同时上榜。因此，我们在接下来的时间里应该关注钢铁板块。事实上，后期的钢铁板块的股票表现得非常突出。

2. 在大盘下跌的时候寻找强势股

上面是用一段时间的涨跌幅排行找强势板块，通过强势板块找到强势股票。其实，我们也可以通过每天的涨跌幅榜寻找强势股票。因为一只股票某天涨停或涨幅靠前，那至少说明这只股票短期是强势的。如果在一段时间内这只股票频繁出现在涨幅榜前列，那就不用说肯定是只强势股票了。

朋友们都知道个股短期的走势很容易受到大盘影响，尤其在大盘大幅下跌的情况下，一般都会出现普跌的现象。因此，在大盘下跌的时候，我们能很容易看出个股的强弱。

2007 年 1 月 12 日（周五），大盘在一轮上涨后，突然下跌了 3.68% 达 102 点，创出了近期的最大跌幅（如图 9-26 所示）。

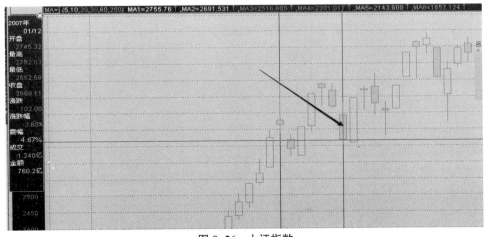

图 9-26　上证指数

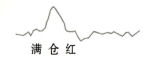

在如此恶劣的市场情况下，居然还有不少涨停的股票。我们来看看当天的涨幅榜前列都是些什么股票呢？

我们可以清楚地看出，在大盘大跌的时候，涨幅前 20 名中，有 5 只股票（山西汾酒、沱牌曲酒、古越龙山、贵州茅台、伊力特）来自酿酒板块。这充分说明了近期的强势股票是酒类股票。在接下来的一周，山西汾酒上涨 15%，沱牌曲酒上涨 15%，古越龙山上涨 6%（接下来的两周共上涨 26%），贵州茅台上涨 13%，伊力特上涨 23%，可见获利丰厚而且稳健。

# 第七节 "双龙战法"介绍

## 一、双龙战法之十字交叉买入法则

1. 十字交叉应注意的要素

（1）十字交叉买点形成以前要出现强势的双龙齐飞图形（如图 9-27 所示）。

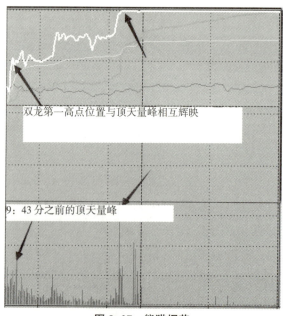

双龙第一高点位置与顶天量峰相互辉映

9：43 分之前的顶天量峰

**图 9-27　熊猫烟花**

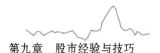

（2）十字交叉的横线要连接前一高点，这个高点要有顶天量峰配合（原因是因为这个高点如果没有大量出现，有可能不是主力所为，可能是散户堆砌的小高点，这样的话失败率无形中就放大了）。

（3）十字交叉的竖线要和顶天量峰相互辉映（如图 9-28 所示）。

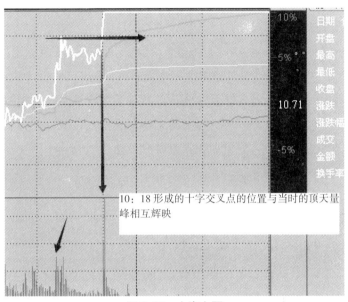

10：18 形成的十字交叉点的位置与当时的顶天量峰相互辉映

图 9-28　上海九百

总结：十字交叉是股价突破的信号，突破就是机会。

2. 选股策略：如何选择具备十字交叉强势图形的股票

（1）每天收盘后在当日涨幅榜中来挑选，第二天盘中进行观察跟踪。

（2）要求股票最好是第一个涨停股票，2 个板以上就不要操作了。

（3）股票最好是在上午 10：10 以前涨停的。

（4）游资、私募等强庄炒作的股票。

（5）流通股本小于 3 个亿的股票。

（6）早盘通过 61 和 63 或者 81 和 83 来观察具备双龙齐飞强势图形的股票。

注意：如果早盘打开 61 和 63 或者 81 和 83，5 个点以上的就不要看了。只看涨幅小于 3% 的股票。

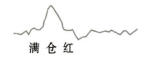

3. 大盘环境要求

（1）超跌反弹行情。

（2）横盘震荡行情。

（3）单边上涨的行情。

（4）最不利的行情是：暴跌行情和下降通道中的行情。

4. 十字交叉的使用策略

（1）盘前选股：①从涨幅排行中选择（参看上面的选股策略）；②早盘通过61 和 63 或者 81 和 83 来观察具备双龙齐飞强势图形的股票。

（2）临盘决战。①早盘具备双龙齐飞图形的股票注意观察：连接前一高点的横线与反抽的分时线交叉点就极有可能是十字交叉买点；②双龙齐飞图形中的回调过程中就要注意观察，一旦出现顶天量峰和价格突破就是十字交叉买点（如图9-29 所示）。

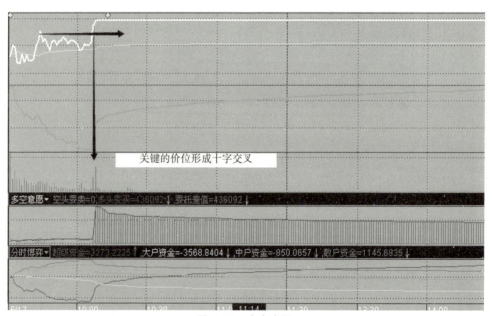

图 9-29　十字交叉

（3）大势判断：要求开盘前没有大的利空消息。

5. 实战修炼

上海九百在 2008 年 8 月 19 日的分时图可以看到：早盘白色分时线和黄色均价线稳步攀升，形成双龙齐飞图形，连接前一高点的横线与分时线相交叉，竖直

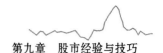

线与9：58的顶天量峰相互辉映，形成了十字交叉，这里突破就是机会（如图9-30所示）。

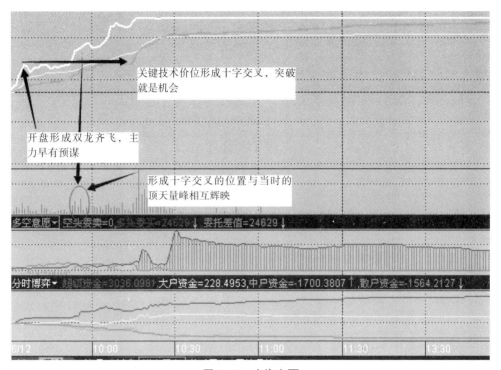

图 9-30　上海九百

上海九百的特点总结：

（1）早盘9：57之前已经形成了强势的双龙齐飞图形。

（2）连接第一高点的横线与分时线相交的位置，再连接一条竖直的线，这条竖直的线与下面的顶天量峰相互辉映。

熊猫烟花在2008年8月15日的分时图我们可以看到：早盘白色分时线和黄色均价线稳步攀升，形成双龙齐飞图形，连接前一高点的横线与分时线相交叉，竖直线与9：43的顶天量峰相互辉映，形成了十字交叉，这里突破就是机会（如图9-31所示）。

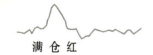
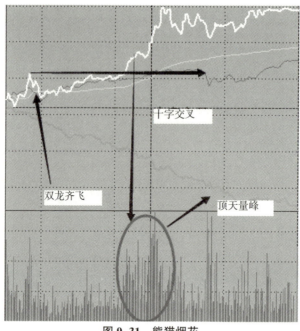

图 9-31　熊猫烟花

熊猫烟花图中的特点总结：

（1）早盘 9：43 之前已经形成了强势的双龙齐飞图形。

（2）连接第一高点的横线与分时线相交的位置，再连接一条竖直的线，这条竖直的线与下面的顶天量峰相互辉映。

万好万家在 2008 年 8 月 21 日的分时图，早盘看很像双龙齐飞，但是我们发现，量呈现的状态是前量压后量，并非后量压前量。交叉点近似我们的十字交叉，但我们发现与竖直线相互辉映的量并没有出现顶天量峰。最终能量不足而跌破黄色均价线（如图 9-32 所示）。

敬语：投资者在使用十字交叉战法买入股票时，要先透彻理解其中的含义，不要简单复制，盘口分析最大的问题不是盘面语言的学习，重要的是这种语言的变化和衍生，因此要理解本质的东西才能更好地运用。

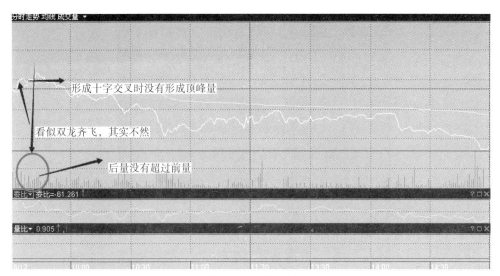

形成十字交叉时没有形成顶峰量

看似双龙齐飞，其实不然

后量没有超过前量

图 9-32　万好万家

## 二、盘口双龙衍生形态

### 1. 双龙出海

双龙出海：即白色分时线和黄色均价线早盘形成双龙稳步攀升后，持续不拉升，而是横盘不动，但是盘中并不击穿黄色均价线，突然放量拉升，打破整理平台，直至涨停。

双龙出海形态要素：

（1）早盘形成双龙齐飞雏形——开始跟踪。

（2）拉升前多次回探不击穿黄色均价线——继续跟踪。

（3）拉升前若击穿黄色均价线只能是探针式的击穿——放心跟踪。

（4）拉升时必须有顶天量峰配合——配合十字交叉买入。

（5）顶天量峰处最好有大手笔成交配合——放心买入。

（6）震荡区间要控制在 5% 点以内——保证你的获利空间。

（7）突破平台后量要持续放大——良性发展状态。

川投能源该股票早盘形成双龙稳步齐飞雏形，该股票在大盘震荡下行的时候处于横盘震荡，强于大盘，表明主力拉升该股票的决心，突然放量拉升，突破平台，三波反抽、二波回调即可涨停（如图 9-33 所示）。

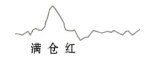
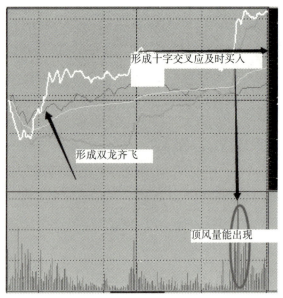

形成十字交叉应及时买入

形成双龙齐飞

顶风量能出现

**图 9-33　川投能源**

　　该股票盘中所具备的要素：①早盘双龙雏形。②横盘阶段多次回调不破均价线。③突破平台放出天量。④突破之前均维持在 1% 以下。⑤突破平台量持续放大。⑥突破平台，形成十字交叉，果断买入。

　　南京银行早盘形成双龙稳步齐飞雏形，该股票在大盘震荡下行的时候处于横盘震荡，强于大盘，表明主力拉升该股票的决心，突然放量拉升，突破平台，三波反抽、二波回调即可涨停。该股票是上次涨停前一天的涨停股票，也是大盘涨停的先行兵（如图 9-34 所示）。

　　该股票盘中所具备的要素：①早盘双龙雏形。②横盘阶段多次回调不破均价线。③突破平台放出天量。④突破之前均维持在 2% 以下。⑤突破平台，量持续放大。⑥突破平台，形成十字交叉，果断买入。

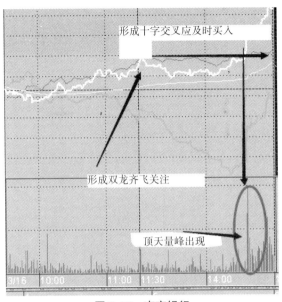

图 9-34　南京银行

上海三毛早盘并没有形成双龙雏形，下探幅度太大，没有完成突破就击穿黄色均价线，直到快速拉升，所以这是该形态失败的原因（如图 9-35 所示）。

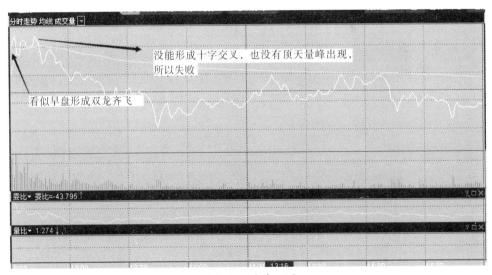

图 9-35　上海三毛

该股票盘中所具备的要素：①早盘双龙雏形没有形成。②横盘阶段击破均价线，多次反攻都没有突破。③突破平台放出天量，但是马上萎缩下来。

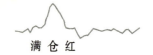

2. 双龙潜水

双龙潜水：即白色分时线和黄色均价线早盘开始纠缠横盘，持续不拉升，突然放量拉升，打破整理平台，直至涨停。

双龙潜水形态要素：

（1）早盘（最好）形成双龙齐飞雏形——开始跟踪。

（2）拉升前白黄双龙缠绕嬉戏——继续跟踪。

（3）白黄双龙纠缠的震荡幅度控制在4%以内——放心跟踪。

（4）拉升时必须有顶天量峰配合——配合十字交叉买入。

（5）顶天量峰处最好有大手笔成交配合——放心买入。

（6）震荡高点要控制在5%点以内——保证你的获利空间。

（7）突破平台后量要持续放大——良性发展状态。

罗顿发展早盘形成双龙潜水形态，无视大盘震荡下行，该股票始终保持横盘震荡，强于大盘，表明主力拉升该股票的决心，突然放量拉升，突破平台，即可涨停（如图9-36所示）。

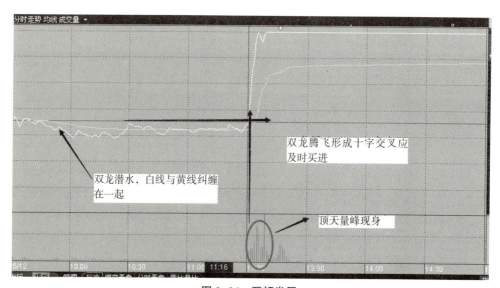

图 9-36 罗顿发展

罗顿发展股票盘中的要素：①白黄线纠缠横盘，双龙潜水图形形成。②双龙腾飞，形成十字交叉，即可买入。③十字交叉点有大手笔成交配合。④拉升开始后，量持续放大。

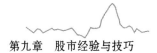

宝石 A 该股票早盘形成双龙潜水形态，无视大盘震荡下行，该股票始终保持横盘震荡，强于大盘，表明主力拉升该股票的决心，突然放量拉升，突破平台，即可涨停（如图 9-37 所示）。

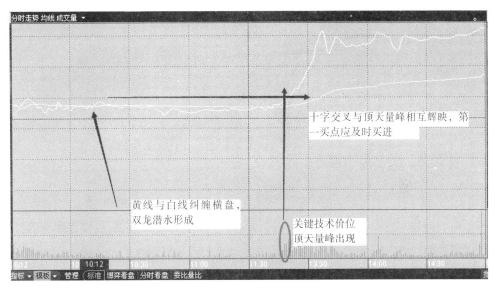

图 9-37　宝石 A

该股票盘中的要素：①白黄线纠缠横盘，双龙潜水图形形成。②双龙腾飞，形成十字交叉，即可买入。③拉升开始后，量持续放大。

福日电子早盘形成双龙潜水形态，无视大盘震荡下行，该股票始终保持横盘震荡，强于大盘，表明主力拉升该股票的决心，突然放量拉升，突破平台，即可涨停（如图 9-38 所示）。

该股票盘中的要素：①白黄线纠缠横盘，双龙潜水图形形成。②双龙腾飞，形成十字交叉，即可买入。③十字交叉点有大手笔成交配合。④拉升开始后，量持续放大。

3. 双龙冲天

双龙冲天：即白色分时线和黄色均价线早盘高开之后，瞬间涨停。

双龙冲天形态要素：①早盘高开。②高开后瞬间涨停，时间控制在 10：00 以前。③要求该股票最好是阶段性底部第一个涨停板，2 个板以上就不要追了。④流通股本 3 个亿以内（有热点概念可适当放宽）。

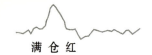

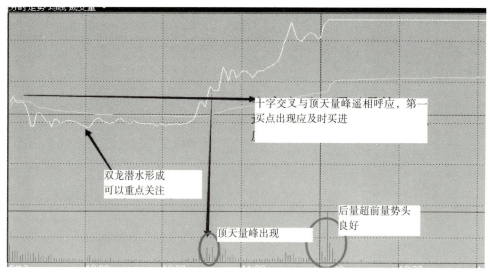

十字交叉与顶天量峰遥相呼应，第一买点出现应及时买进

双龙潜水形成可以重点关注

顶天量峰出现

后量超前量势头良好

图 9-38 福日电子

山河智能早盘形成双龙冲天形态，无视大盘震荡下行，该股票始终保持涨停状态（如图 9-39 所示）。

该股票盘中的要素：①早盘高开。②10：00 以前涨停。③阶段性底部第一个涨停板。④流通股本 3 亿元以内。

冀东水泥早盘形成双龙冲天形态，无视大盘震荡下行，该股票始终保持涨停状态（如图 9-40 所示）。

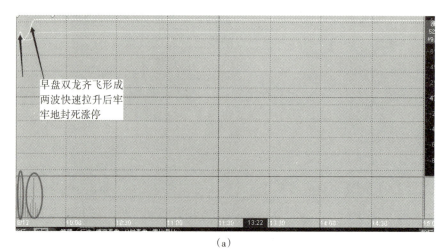

早盘双龙齐飞形成两波快速拉升后牢牢地封死涨停

（a）

图 9-39 山河智能

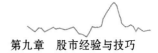
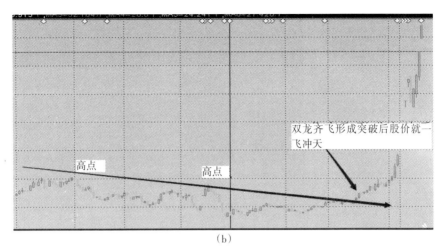

（b）

图 9-39　山河智能（续）

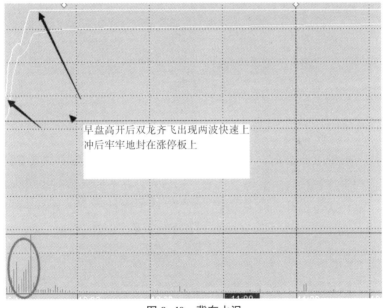

图 9-40　冀东水泥

该股票盘中的要素：①早盘高开。②10：00 以前涨停。③阶段性底部第一个涨停板。④流通股本 3 亿元以内。

柳工早盘形成双龙冲天形态，无视大盘震荡下行，该股票始终保持涨停状态（如图 9-41 所示）。

该股票盘中的要素：①早盘高开。②10：00 以前涨停。③阶段性底部第一

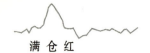

个涨停板。

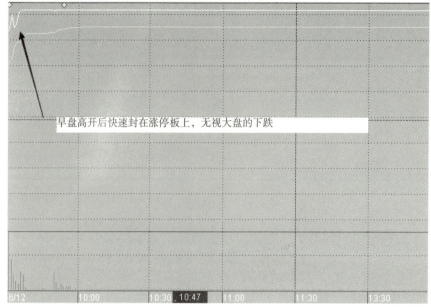

早盘高开后快速封在涨停板上，无视大盘的下跌

图 9-41　柳工

## 三、总结

（1）行情形成大头部时，赚钱的要坚决清仓，全部卖出，亏损的要壮士断腕。不少人在牛市中只看个股不看指数，认为大盘在中期调整时也可以不看指数满仓做多，笔者认为这种看法不科学。在一轮中期调整中，只关注个股走势，只见树木不见森林。历史统计资料显示：大盘形成大头部下跌时，竟有 90%~95%的个股也形成大头部，跟随大盘下跌。大盘形成大底部时，有 80%~90%的个股也形成大底部。这说明，绝大多数个股与大盘的联动性相当强，因此，大盘一旦形成大头部区，果断出货是最重要的。不怕错，就怕拖。

（2）个股股价大幅上涨，20 日乖离率在 20%以上，成交量大幅放大，是卖出股票的好时机。主力在高位出货一般都是利用散户的狂热接盘实现的，只有把个股炒热，散户才会跟进。主力就是利用散户的这个心理，在前期利用涨跌互现的形式不断炒高股价，打算出货时连续大幅拉升股价，吸引散户的眼球。在股价不断大幅拉升中，成交量在急剧放大，这就是主力在散户的狂热情绪中不断出货的征兆。一般情况下，股价的 20 日乖离率在 20%并伴随成交量急剧放大，个股股价短期甚至中期见顶的概率相当大。这是卖出股票的好时机，而不是买进的时机。

（3）股价上升了较大空间之后，日K线出现十字星或长上影线的倒锤形阳线或阴线时，是卖出股票的关键时刻。个股股价上升一段时间之后，日K线出现十字星，表明买方与卖方力量相当，将由买方市场转为卖方市场，高位出现十字星，犹如开车遇到十字路口的红灯，表明市场将发生转折。股价大幅上升后，出现带长影线的倒锤形阴线，反映当日抛售者多，若当日成交量很大，更是见顶的信号。许多个股形成高位十字星或倒锤形长上影阴线时，80%~90%会形成大头部，是果断卖出的好时机。

（4）股价大幅上扬之后，公布市场早已预期的利好消息是卖出的时机。在一般情况下，主力要在低位吸取筹码，往往在低位发布利空消息，诱骗散户割肉，获得廉价筹码。在股价被大幅炒高后，主力往往会利用利好消息大举出货，不少股票在高位出利好则"见光死"就是明证。当股价已经被炒高到最低价格一倍以上，发布利好消息成交急剧放大、高开低走时，应该抢先出局观望。

（5）股价大幅上扬后，除权日前后是卖股票的关键时机。主力把一只股票的价格炒高后，利用分红送股除权的方式出货是其惯用的伎俩。股市上有句谚语叫作"强权不填权"，意思是说，当上市公司推出送股方案且方案实施前股价连续大幅拉升的，要在除权之前出局。这时主力往往会利用散户填权的心理在送股前逃之夭夭。

买进股票后能卖个好价钱是人人都梦寐以求的，但能否真正做到则取决于个人的操作水平。把握卖出时机的方法还有很多，笔者提出上述五种时机只是抛砖引玉，投资者可以在实战中不断摸索，形成既适合自己又符合市场的卖出方法，提高投资收益。